宜蘭縣定古蹟
利澤簡永安宮

媽祖的神奇寶貝

薛宏彬繪

葉永韶 著

2017.1.18 贈

目次

推薦序二

幾年前永韶帶我第一次來到利澤簡時，確實令我十分驚艷，真想不到在這偏遠的東岸會有這麼傑出像永安宮和附近保存環境良好的在地文化資產。也許居住在「在地文化資產」周圍的居民，他們從小就習慣在這些當地文化資產環境之中，正因為居民如此自以為熟悉它反而忽略了它的價值。反而是當地方上越來越多的觀光客，或地方文化資產現實環境受到建設發展計畫威脅時；才意識到這些在地文化資產將很快地面臨消失的可能。但從另一方面來看，外界的介入反而更客觀突顯了在地文化資產價值的重要性。

必須知道這些珍貴文化資產是與居民生活共生的，在地傳承不僅是傳統藝術或技藝的延續，還包括專業知識、敬業精神，經過生命和情感的世代交替才能維繫經年，亙古至今，這是難得的分享經驗和共同磨礪的過程。因此在地文化資產保存者最大的責任，應是喚起一般民眾對文化資產的注意，教育民眾敏銳的感受在地文化資產的存在。這些研究和活動是保持優秀文化遺產最強而有力的文化後盾。現代人的信條是工作是為更好地享受生活，生存不僅是為了工作，多數人更願意享受歷史的氛圍，自在的田園之樂。傳統技藝復興的無形效益還包括社會團結，創造「感覺良好的因素」(Feel Good Factor)，國人的生活哲學也是當代藝術家創造巨大經濟效益的潛在推動力。

永韶自研究所畢業後，就回到家鄉宜蘭從事文化資產的保護工作，這本《利澤簡永安宮 媽祖的神奇寶貝》是他這幾年來對地方文化的認知，再以深入淺出的手法，使人淺顯易讀地去了解古蹟，的確發揮了在地文化資產保存者對地方所做出的最大貢獻。

二〇一六年冬 於中原大學

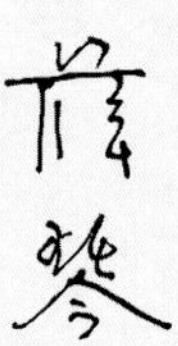

推薦序二

這是一本深入淺出的文化資產小冊子、老少咸宜的讀物。

儘管是以利澤簡媽祖廟為焦點，但述及若干蘭陽舊事，不僅觸動了我做為阿里史一份子的懷鄉之心，相信也會勾起很多人昔時的回憶。

這是全力為家鄉奉獻的蘭陽子弟葉永韶繼《大神尫：探尋頭城迷人的古文風》、《放假嘍！利澤簡老街的元宵節》、《七月尾：悠遠的頭城中元祭》等書之後，出版的另一本值得一讀的好書，國中小必備的文資讀物；也是宜蘭鄉親不可不讀，文化資產愛好者不可不看，街坊鄰里不可不知的寶典，值得推薦。

國立臺北藝術大學建築與文化資產研究所 副教授
二〇一六年十二月　七二 老朽
楊仁江

推薦序二

從傳統時期到現今，台灣人多相信神明的降臨，對於聚落的安全及功能、居民的生存與繁衍將有顯著的幫助，因神明進駐而建構的廟宇，成為社會心靈寄託的重要對象。這本書以利澤簡永安宮為介紹對象，以小朋友作為書中的代表主角，分別從宮廟的歷史發展、興建經費、空間形制、彩繪裝飾，以及神明的傳說及出巡、本地居民對於廟宇修建及神明活動的贊助等角度予以描述，透過書中小朋友情境的呈現，毫無疑問的將吸引年輕讀者對於宮廟的歷史、神明、建築、活動的興趣。

這本書的主題、內容、風格、豐富度、正確性都很值得肯定，對於年輕學子（當然也包括成年的讀者）的知識性及文化性將有所助益。

國立臺北藝術大學建築與文化資產研究所　教授

二〇一六年十二月

林會承

推薦序二

古建築有如一本書，它記錄百年或千年的故事，但我們仍然期待善於說故事的人，《利澤簡永安宮 媽祖的神奇寶貝》這本書就是扮演說書導讀的角色。我認識永韶許多年，知道他熱愛家鄉不遺餘力，多年來貢獻古建築專業的智慧，他的解說為利澤簡作了最佳的代言。此次，這本《利澤簡永安宮 媽祖的神奇寶貝》以說故事的方式，小說的技巧，非常生動地介紹永安宮古建築上的藝術傑作，我認為很有創意，以觀察古建築的眼光，細看神像、匾額、神龕、供桌、石雕，木雕及屋脊剪黏等，帶出豐富精彩且引人入勝的歷史故事。同時也擴及宜蘭地區其他寺廟與鄉賢蔣渭水的事蹟。本書的內容包容歷史，藝術、建築結構與民俗典故，能將不同領域的知識冶於一爐，確實不容易。我讀了之後，覺得這是非常平易近人且深入淺出的好書，故樂於推薦給關心且愛護台灣文化的人士。

國立臺灣藝術大學古蹟藝術修護學系 教授

二〇一六年十二月

李乾朗

序二

「永安宮」擁有「溪南第一宮，開蘭人文廟」的美譽，不僅代表蘭陽平原寺廟歷史的重要地位，其創建發展歷程亦見證清代中葉以降，溪南地區漢人拓墾與河港貿易的繁盛榮景。物換星移，現在老街北側的河港已填平成陸，歷經時光的洗滌，老街沉澱、凝結了歲月流轉後的古樸風華。老街上香火裊裊的媽祖廟依舊靜靜佇立，日復一日，年復一年，庇佑著平原的子民。

「利澤簡走尪」及「永安宮」深具文化資產重要性，已同時於二〇〇六年分別登錄、指定為宜蘭縣定民俗活動及縣定古蹟。在熱鬧的「走尪」活動及古蹟「永安宮」之外，位於利澤簡老街上的媽祖廟，到底還蘊藏了多少故事？陳銀生在供桌後方寫上「勞農兄弟團結」所指為何？媽祖像的座騎為何是鳳凰？為何身後還有飄飄羽毛？此外，你有發現神龕下只留下空空的香爐嗎？你是否知道虎爺去哪兒了？

走！我們一起出發尋寶，一同探究永安宮的故事吧。

宜蘭縣政府文化局 局長

李志勇

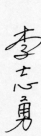

【楔子】戰・友

位置／屋頂正面左規帶排頭 交趾陶
題材／出自《隋唐演義》之『安史之役』
郭子儀與安祿山交戰之況

明天就要放寒假了，這是我們國小的最後一個寒假，教室裡大家鬧哄哄的，叮咚一早進教室就找大俠理論，問他昨天跟他的大狗「歐元」在老街散步，怎麼可以讓「歐元」的「黃金」留在老街戲院的騎樓上。

大俠：「狗狗的便便又沒寫名字，你怎麼認定是歐元拉的？搞不好是土豆仁的愛狗『Money』留下來的。」

叮咚：「我都親眼看到了，你還不承認。」

大俠：「你一定是看走眼了，不然你問菜脯，大家差不多都在晚餐前出來遛狗，我們家的歐元是不會在老街上生產黃金的，牠可是都會忍到你家的菜園，才會幫你們家的菜園施肥。」

叮咚：「明明就是你，還不承認，還硬把土豆仁、菜脯都拖下水。」

我和土豆仁被夾在叮咚跟大俠間，叮咚繞著我們追著大俠，大俠一邊跑一邊大嗓門直喊著：「不是我、不是我，叮咚欺負我！」我跟土豆仁就這樣一起被拉入戰局，整個教室吵得不可開交，把正在辦公室的班導給催進了教室。

班導問清楚事情的始末，把大俠、叮咚、土豆仁，還有我四個人叫到了講台前。數落我們一大早吵吵鬧鬧，大俠的大嗓門還影響到隔壁班。明明四個人都住在同一條老街上，卻從沒看過我們相互合作完成一件事，倒是常常用話來激怒對方，弄得班上雞飛狗跳，像在菜市場裡吵來吵去。

班導這時突發奇想，出了任務給我們：「大俠、叮咚、土豆仁、菜脯，明天就開始放寒假了，你們四個人的寒假作業是『尋寶任務』，就是一起幫利澤簡老街上的古蹟永安宮，找出屬於利澤簡媽祖的神奇『寶貝』。但是有個規定一定要遵守，就是不可以單獨行動，一定要一起行動、一起尋找、一起討論、共同找出『利澤簡媽祖的寶貝』，不然就不算完成。還有我會請人當你們的『訓練師』，需要幫忙的時候他們會協助你們。」

我是菜脯，大家說我長得白白胖胖很像晒在陽光下的白蘿蔔乾，就幫我取這綽號。我的本名叫「小茂」，小學五年級上學期才搬回利澤簡的阿公家，現在就讀利澤國小六年三班，阿公家就是老街上的利生醫院，當醫生的阿公很疼愛我。大家說我看起來斯斯文文、乖乖的、有點膽小，但常發表距離大家很遙遠的超齡理論。說我膽小，我可是不認同，我只不過是比較謹慎。我最喜歡看書、上網找資料，任何事都要研究到底，說起歷史我可是一把罩。這次要一起完成寒假作業尋寶任務的，是跟我一樣住在老街上四位吵吵鬧鬧的戰友。

大俠：利澤國小六年三班，長得很壯，很有力氣，但說話太直常常講話不小心傷到人，家住在老街媽祖廟對面，自稱是「利澤老街上的大俠」，有點小臭屁，常常想要行俠仗義，但卻常常錯誤示範「打抱不平、拔刀相助」。他是班上、街上的大聲公，我們都說他只要站在街頭的利生醫院前說話，在街尾媽祖廟對面市場的豬肉攤，都還可以很清楚的聽到他在說什麼。

土豆仁：利澤國小六年三班，媽祖廟右邊老字號中藥舖就是他家，長得瘦瘦小小，大俠說他是吃錯了人蔘沒補到，轉大人沒轉成，我們倒是一致認為，補土豆仁的營養食物一直都被大俠給吃了，所以是補錯人。土豆仁喜歡大自然，有空就往五十甲溼地、五股圳和海邊跑，皮膚晒得黑亮；在班上總是安安靜靜、不喜歡表示意見；喜歡觀察動植物、昆蟲，畫圖做記錄，對顏色很敏銳，繪畫一級棒。

叮咚：利澤國小六年三班，有噶瑪蘭族血統，手藝超級好，任何手工藝都難不倒她。班上東西壞了總是她來搞定，比男生還管用。喜歡動手做，不喜歡光說不做，總是很有耐心地教別人，深受女生們的愛戴。「叮咚」是她最愛的穗花旗盤腳果實落在水面發出的聲響。家就住在老街基督長老教會的隔壁，不喜歡大俠的大嗓門和有點臭屁的模樣，她是班上的大姐頭，也是唯一能和大俠抗衡的人。

魩仔：大俠唯一的妹妹，三年級，喜歡跟著我們當跟班、長得可愛、喜歡表演、嘴巴甜，可是個鬼靈精、小大人，大俠不敢去說的，推她去一定成功，大俠做錯事怕被罵，她就被推去當擋箭牌。

【第一回】牆上的意義

位置／屋頂正面右規帶排頭　交趾陶
題材／出自《三國演義》第六十三回『諸葛亮痛哭龐統，張翼德義釋嚴顏』，表現張飛於巴郡義釋太守嚴顏之景。

寒假前三天，大家都懶懶散散的，沒有人想做作業，連玩也顯得意興闌珊，只想躲在家裡。到了第四天，在叮咚再三催請下，大家才勉強出家門約在媽祖廟前，但是聚在一起大家馬上就忘了寒假的尋寶任務，只想聊天打鬧。直到住在老街後面的坤成廟公到廟前提醒我們：「你們這麼大聲，媽祖會被你們吵得聽不見來拜拜的人想告訴祂的話。」這時大家才安靜了下來。

叮咚：「我們一起討論，看要從那裡開始尋寶。」

大俠：「你們去找就好了，不需要把我叫來，我的份菜脯和土豆仁可以幫我做。我要回家睡覺、玩電腦！」

我和土豆仁異口同聲：「可是老師說要一起行動，不能有人不做，不然就不算完成。」

大俠：「都放假了，難道老師還會一直跟著我們嗎？」

叮咚：「你不在也好，省得麻煩！」

鮘仔拉住大俠：「哥哥你不要走啦！大家一起才好玩。你如果離開，我就跟媽媽說。」

大俠：「留下來就留下來，反正我什麼都不用做，我的工作就是監督你們。」

我跟坤成廟公說，我們是利澤國小六年三班的學生，要來幫媽祖找寶物。

坤成廟公嘴角揚起了微笑：「大前天的傍晚，你們班導師有來廟裡，跟我說你們要一起幫媽祖找寶物。能幫忙的我一定會幫忙，我也答應老師，會看著你們有沒有認真的一起找寶物，我會跟老師據實回報。」他接著說：「我先帶你們進到廟裡面，你們先跟媽祖說，你們要幫祂找寶物，請祂保佑你們一切順利！」

大俠：「媽祖廟的大門，左邊、右邊、中間，一共有三個，我看就男左女右，菜脯和土豆仁走左邊，叮咚和鮒仔走右邊，菜脯你們先進去幫我把中門的柵欄拿起來，我從中門走進去比較威風。」

坤成廟公拍拍大俠的肩膀：「我們是不能走中門的，廟中間的大門是給神明走的。進廟我們要從廟正面左邊的大門進去（面對廟的右邊），從廟正面右邊的大門出來（面對廟的左邊）。那是因為我們居住在北半球，北邊是寒冷的，南方是溫暖的，冬天北方會吹來冷風，而夏天南邊會吹來涼風。如果不是當地地形和風向的關係，通常北半球的房子多是背對著北方而面向南方，也就是常聽到的『坐北朝南』。」

「地球逆時針方向自轉，一般房子的左邊就是東邊，是日出的方向，所以古人就用象徵萬物欣欣向榮的『青色』來代表；而右邊就是西邊，是日落的方向，古人就用象徵無生機的『白色』來代表。左進右出，從象徵旭日東升的左邊大門進廟，從象徵夕陽西下的右邊大門出廟，這可是久遠流傳下來的習慣。像過年、元宵節和媽祖生日時，進出媽祖廟的人很多，你們可以來觀察看看，當人群都從廟的左邊大門進去，從廟的右邊大門出來，人群就不會打結或撞在一起了，尤其大家手裡都拿著香也比較不會危險。」坤成廟公帶我們從廟的左側大門進到媽祖廟裡。

鮘仔：「你們看右邊，牆壁上有一幅凸出牆面的立體圖，裡面有一大一小的兩隻龍。土豆仁哥哥，你最了解動物和植物了，又會畫畫，這是什麼？」

土豆仁：「鮘仔，牆上的圖是兩隻龍沒錯，上面龍的體型比下面的龍大很多，幾乎佔圖面的三分之二，大龍旁邊還有身上都可以看到雲朵，所以牠是飛在天上，而小龍的下方是水波海浪。圖面上的大龍從天上俯瞰小龍，小龍則從水面上仰視著大龍，彼此像是在交談，好像是大龍正在教小龍怎麼飛。最外面的圖框畫上一整圈連續的花草。」

鮐仔：「土豆仁哥哥，你看對面的牆上也有一幅凸出牆面的立體圖，上面有兩隻老虎，這又是什麼意思？」大家著迷似的，趕忙從廟內的左邊移到右邊。

土豆仁：「這兩隻老虎的背景更豐富了，圖的左上角有太陽、雲朵、中間有松樹、左上角還有蝙蝠。中間的大老虎體型比下方的小老虎大很多，大老虎和小老虎都踏在石頭上；大老虎好像往前面並沒有俯瞰小老虎，但是從牠前面雙腳交

位置／殿內左牆面　交趾陶　泥塑
題材／蒼龍教子，大小二龍登龍門或禹門升天圖。

疊，可感覺牠是停下來等著小老虎走過來，好像早就走到樹下休息，氣定神閒的叮嚀著小老虎除了低頭注意前面的路況外，也可別忘了抬頭欣賞旅途中美好風景。」

大俠：「哈哈，這兩幅圖就是媽祖的第一個寶物。土豆仁你講得很好，身為尋寶隊的隊長，我幫你加一分！照這樣的速度，今天任務就可以圓滿結束了。」

鮘仔：「哥，你什麼時候變成隊長，我怎麼不知道？不算、不算，我也是隊員，要投票選才算數。還有媽祖的寶貝，怎麼可能那麼簡單一下子就找完了？」

叮咚：「鮘仔，你哥的隊長是自己封的，既然我們是媽祖尋寶隊，等一下讓媽祖自己選。」

鮘仔：「好耶！我們來擲筊，看媽祖選誰當隊長？」

位置／殿內右牆面 交趾陶 泥塑
題材／福壽日增，麗日當空虎父虎子及梧桐壽石圖。

坤成廟公：「你們別急，先聽我說。牆上的『龍、虎堵』是廟裡常見的裝飾，和我剛剛說的日出的東邊、日落的西邊相關。傳統對東、西、南、北不同的方位，用不同的顏色和動物來代表。太陽升起的東邊：左青『龍』，太陽落下的西邊：右白『虎』，寒冷的北方：暗黑色的『玄武』（龜蛇），溫暖的南方：侯鳥南遷的紅色『朱雀』。」

土豆仁：「『龍虎堵』是每間廟幾乎都有的主題，只要進廟就找到了，媽祖的寶物不會讓我們這麼容易發現吧？」

大俠：「這可不一定，有些東西不是常在我們身邊，每天都被看見，但卻常被我們忽略嗎？我覺得越容易被看見的，越有可能是媽祖要我們尋找的寶物。」

魩仔：「哥，那我常常在你身邊，你可要好好珍惜、愛護我這個寶貝喔！」

叮咚：「大俠，什麼時候你變成哲學家了？講的話讓我們聽不懂。土豆仁的觀察好細微，被你一說，這兩幅圖都活起來了，大龍、小龍的眼神深情交會對望與交談，大老虎在樹下靜靜的叮嚀小老虎，好想知道牠們在說什麼。」

只見土豆仁望著圖、抓抓頭：「我雖然從畫面上讀到一些資訊，但圖的背後一定更深的含意。」就在我們困惑的坐在長板凳，左看「龍堵」右望「虎堵」想著背後可能的意義時，媽祖廟的主委松樹阿公，突然出現在我們前面。

「我其實跟在你們後面很久了，你們很專心的在看牆上的龍虎堵，竟然連我在後面都沒發現。」

松樹阿公把雙手放在土豆仁的肩膀上說：「左牆的龍堵，題材是『蒼龍教子』。飛在天上的蒼龍爸爸正在教導孩子如何魚躍龍門、飛上青天，希望小龍能多加練習，早日能魚躍龍門、飛上青天。右牆的虎堵，題材是『福壽日增』，在麗日當空下虎爸爸陪伴虎兒子在森林裡學習，老虎、蝙蝠音似福，象徵福氣，梧桐樹、壽石象徵長壽。」

松樹阿公：「到廟裡拜拜的人，有些人是碰到棘手的事需要做決定，但是又拿不定主意，所以希望媽祖告訴他答案。這兩幅牆上的作品是要提醒進到廟裡拜拜的人，看到『蒼龍教子』時，就把自己當做是小龍，學習像小孩般的放下心中的成見，回到最初，好好傾聽自己內心的聲音，這樣媽祖才能像大龍般的給我們內心安定的力量。」

「其實在生活中遇到事情，我們大多知道怎樣做比較好，只是缺乏足夠的信心依照內心的聲音去做。所以當帶著媽祖的祝福，出右大門離開廟前，記得看著『福壽日增』，就告訴自己，願意每天傾聽內心的聲音並且持續地努力去做，那

『福氣』與『壽命』就會每天增長一些，日子久了就能累積成果，帶來幸福。」

鮘仔：「這是媽祖的第一個寶物嗎？」

我們開心的鼓掌通過這牆上的龍虎堵是寶物，而平時安靜不多話的土豆仁也讚嘆不已：「松樹阿公，您太棒了，就像我們老師說的，將別人告訴你的知識，經過消化加入自己的想法，它就會成為自己的東西，而且永遠都不會忘記。」

我心裡默默地猜著，松樹阿公該不會就是我們老師邀請來的訓練師吧？

#【第二回】

神袍裡的祕密

位置／步口廊右牆面水車堵 交趾陶 泥塑

題材／出自《五虎平西》表現狄青和王天化殿前比武之景。

松樹阿公、坤成廟公帶我們來到廟中間擺放祭品的供桌前面，準備和媽祖說明這次的「尋寶任務」。

「你們趕快來擲筊，我內心的聲音就是當隊長，媽祖請給我最多的允杯！」大俠吆喝著大家。

魩仔：「哥哥，幫幫忙，哪有直接拿起杯筊就要擲筊的。阿媽不是都會先拜拜，再跟媽祖請示嗎？」

坤成廟公：「魩仔很懂事，進到廟裡就好像你們要去問老師問題，進到老師辦公室，要先跟老師行禮打招呼。」

叮咚：「那我們用雙手合掌拜拜，也可以嗎？」

坤成廟公：「現在大家都在推動節能減碳、減少污染，只要虔誠，用雙手當作是十支香當然也很好。」

松樹阿公：「進到廟裡面記得要先靜下來，先行禮，再告訴祂你想請教的事情。利澤簡永安宮主要奉祀『天上聖母』，也就是媽祖，中間神龕（ㄎㄢ）還有觀音菩薩、玉皇大帝等神明。左邊神龕奉祀關聖帝君、右邊神龕則奉祀土地公土地婆。你們先朝外敬天，再依中間神龕、左邊神龕、右邊神龕的順序，一一向神明行禮，最後再回到供桌前向媽祖說明和擲筊。」

我們經過討論後決定以雙手合掌，依著敬天禮神的規矩依序行禮，再回到中間供桌前，告訴媽祖我們這次的任務，請媽祖祝福我們尋寶隊能順利完成任務。接著從大俠開始我們五個人一一擲筊，請媽祖選出「尋寶隊長」。但是經過兩輪的擲筊，大俠與叮咚都同燈同分，搞得大家很緊張，直到第三輪叮咚獲得六個允杯，而大俠獲得五個允杯，因此這次任務就由叮咚擔任尋寶隊隊長，不過經過討論後，大家同意由大俠擔任副隊長。

土豆仁：「松樹阿公，今天為什麼有這麼多人來到媽祖廟，還準備了長長的掃把、刷子、水桶、抹布等的清潔用具，他們要做什麼呢？」

松樹阿公：「今天是農曆十二月二十四日，是一年一度『送神』的日子，照顧大家一整年的神明開始放年假。平時不能隨意動到的神龕，等一下送神儀式結束後，就可以進行大掃除的工作。這一天在民間習俗上，稱為『筅黗（ㄒㄧㄢˇ ㄊㄨㄣ）、清屯』。『筅』是竹製的清潔器具，『黗』是指經過一年囤積下來的煙塵汙垢。合在一起就是使用竹製的清潔工具，清潔神壇前因香燻出來的黃濁油汙，有年終大掃除的意思。你們可以一起來幫忙！」

鮘仔：「真是太棒了，我們可以一起幫廟打掃，這樣媽祖的寶貝就可以看得更清楚了！」

廟裡這時來了很多人來幫忙，街上的婆婆媽媽、左右鄰居、阿公阿伯們、加上我們這群小朋友，大家一起來幫媽祖廟「筅黗」。阿伯用長掃把清除杜樑圓楹上的灰塵、刷洗牆壁及地板，阿媽擦洗桌子、清潔香爐和燭台。將室內天花板、牆面、地板和前面的供桌打掃乾淨後，大家便以接力的方式將神龕裡的神明一一請到前方的桌子上，並開始用濕抹布清潔神龕。

看著平常在神龕裡的所有神像，都被從高高的神龕請到比我們身高略矮的供桌上，神像距離我們很近，就在我們眼前，第一次近距離的發現到每尊神像特別之處，一轉身發現他們四個也是睜大眼睛正盯著神像看。

松樹阿公：「看你們看得入神，有誰要幫忙清潔媽祖？慢慢來不能急，跟著玉蘭阿媽，她會教你們怎麼做。」

叮咚和鮑仔異口同聲：「玉蘭阿媽，我們來幫你的忙。」

我們三個男生也緊跟著圍在玉蘭阿媽身旁。玉蘭阿媽不疾不徐的卸下媽祖的帽冠，脖子上的項鍊和身上的「襖」（神袍）則放在旁邊預備的盤子裡。阿媽請我們用乾淨的刷子、小抹布清理神像。我們五個小跟班放慢動作、小心翼翼，深怕會弄傷媽祖，輕輕拭去神像、神袍和神帽上的灰塵。

「這真是太神奇了！」我們的目光被土豆仁驚呼聲中的「神奇」二字給吸引了過去，莫非是媽祖的寶貝又出現了？

「你們看這尊媽祖，真是太神奇了！平常看到祂安坐在神龕正中間的位置，穿著長長神袍，雖然看起來高高的，但總覺得祂頭的比例怎麼會小小的，我還幫祂取了個『小頭身』媽祖的別號。今天看到玉蘭阿媽幫媽祖褪去長長神袍後，終於知道原來媽祖是『小尊』的。仔細觀察、輕輕動一動，才

位置／殿內明間神龕
開基媽祖神尊

知道媽祖神像下方有兩層座椅，媽祖的身高被墊高了。只是我就不明白為什麼要幫媽祖增高？」

大俠：「會不會是雕刻師傅也喜歡玩積木，故意做成三層。這媽祖的兩層座椅應該是幫媽祖增高的神奇寶貝。」

土豆仁：「椅子上有貼金的雙龍等祥獸與花草裝飾，看起來很典雅、貴氣。應該算是寶物一件吧！」

大家你一句我一句，正在推測為什麼需要增高座椅時，松樹阿公雙手拿著比媽祖還要小尊的千里眼、順風耳神像，放在沒有兩層座椅的媽祖兩旁，娓娓的說：「這是永安宮最早期廟開基的媽祖與千里眼、順風耳的神像，我也是想了很久，後來推測剛開始廟是很小間的房屋，神龕也很小，所以媽祖的神像是小尊的。之後大家經濟狀況比較好一些，廟就蓋大一些，神龕、神桌也變大了，所以便幫開基媽祖加一

位置／殿內明間神龕

開基媽祖神尊與兩層贊座

層座椅，這座椅稱為『贊座』，查了國語字典，就會知道『贊』有輔助的意思。之後廟又蓋得更大，所以底下又加了一層更高的贊座。」

松樹阿公真是有研究精神，為了把事情弄清楚，還查了字典。根據松樹阿公的推測，神像加高了三次，我們猜想媽祖廟從小廟到大廟應該至少擴建兩次。「小頭身媽祖」神奇的兩層「贊座」寶貝，就是最有利的證據。

土豆仁從「小頭身媽祖」身上找到神奇「贊座」寶貝後，大家就把注意力集中在媽祖身上，希望能從媽祖身上再找到更多的神奇寶貝。

不久之後，眼尖的叮咚也發現了一尊插著「飄飄羽毛」的媽祖神像，大家嘖嘖稱奇熱烈地討論著這尊別無分身、應該可稱為全球唯一的「媽祖馭鳳凰」造型神像。

位置／殿內明間神龕
媽祖馭鳳凰神尊

坤成廟公：「相傳約在四、五十年前，利澤簡媽祖廟為了讓眾多的漁民都能請媽祖神像一起出海捕魚，以祈庇佑平安及豐收，廟方就請木雕匠師來廟裡雕刻十幾尊的媽祖神像，以備不時之需。這時候，住在媽祖廟南邊幫人畫『佛祖彩』（民宅正廳常見的神明圖像，以觀音為主神，並搭配媽祖、關公、司命灶君、福德正神等民間神祇，成為家宅守護神）的『賣雞王仔』先生，跟廟方提及媽祖向他託夢，想雕一尊座騎是鳳凰的『媽祖馭鳳凰』神像。最後廟方依著他的意見，請木雕師傅特別刻一尊『媽祖馭鳳凰』的神像。據說之後有一年筅黗後發現鳳凰飄飄的真羽毛斷掉了，想不到過不久，有隻不知名的鳥飛入廟裡停在供桌上，留下了幾根羽毛後便飛走，沒想到這些羽毛剛好補足了鳳凰斷掉的羽毛。」

聽完坤成廟公說的傳說後，我們一致認為有著飄飄羽毛的「媽祖馭鳳凰」是媽祖指定的神奇寶貝。

叮咚聽完認真端詳研究，如何讓飄飄的羽毛固定在木雕的鳳凰上。我看著放在媽祖兩旁的千里眼、順風耳神像，若移除掉底下加高的檯子，祂們兩個雖然站著，但還是略顯迷你小巧。我對祂們一綠、一紅，披著彩帶、生動姿態與配色，雖不像土豆仁那麼感興趣，但我對千里眼用手擋著眼睛上方的陽光幫媽祖「眺遠觀看」、順風耳把手放在耳朵旁擴大收音幫媽祖「耳聽眾生」的動作充滿了好奇。

我之前查了資料，知道傳說媽祖的父母原有六個小孩，但是只有一個男生，因此父母便到觀音廟祈求觀音大士再賜給他們一個兒子。隔年北宋宋太祖建隆元年，也就是西元九六〇年女嬰出生。由於女嬰出生到滿月未曾啼哭，她的父親林惟慤（ㄑㄩㄝˋ）便將她取名為「默」，稱呼為「默娘」。之後默娘學醫、學術、得符，化為紅衣女子常出現在海上救海難船無數。二十八歲時，因同時間發生數起海難，默娘為了救人體力不繼而昇天，人民自此尊稱默娘為「媽祖」，並建廟祭祀祂。之後媽祖仍於海上救人、應民意降雨、收服妖邪、助官平匪、保民平安等，深受民眾崇敬。媽祖信仰始於宋朝，從宋徽宗到清咸豐皇帝為止，祂受各代皇帝褒封多次，由宋「夫人」、「妃」、元「天妃」、明「妃」、「天妃」、直至清「天上聖母」、「天后」。但是我覺得「千里眼」、「順風耳」有其他意義，只是想了許久還是想不出來，最後只好求救松樹阿公：「松樹阿公，千里眼、順風耳，除了是媽祖的左右幫手外，您有聽過祂們還有其他的意義嗎？」

「你問我媽祖、千里眼、順風耳，對我們的啟示？和你們分享我所知道的：媽祖的形象，就像媽媽、阿媽一樣，時時傾聽孩子的心聲、看顧孩子的一舉一動。我們像在母親、阿媽的懷抱中，接受無盡的關心與疼愛，因此媽祖深受我們大家的愛戴。」

「台灣民間素有媽祖為觀音菩薩轉世之說，而媽祖廟的後殿幾乎祭拜著觀音菩薩。宜蘭市昭應宮、羅東震安宮就是前殿奉祀媽祖，後殿奉祀觀音菩薩。所以有人認為媽祖、觀音菩薩同屬一位海神，只是媽祖是較年長的媽媽形象，觀音大士是年輕女子的形象。而媽祖的左右手，千里眼看得遠，『觀』也！順風耳聽得遠，『音』也！合起來就是『觀音』。」

松樹阿公特地拉高聲音對我們說：「我覺得，媽祖凡間姓名『林默』，『林』音似『您』，『默』則是安靜不語，像是要大家常常保持著『靜默、安靜不多話』，才能真正看得遠、聽得清，進而想得深遠。就像在大自然的美景中，先保持安靜不說話，才能專心、發自內心的『看』到美好的自然風景、『聽』到自然的聲音、以及自己內心與環境的對話。」

聽了松樹阿公的述說，我深深的認為他把「媽祖、觀音、千里眼、順風耳」的意思連結得超完美、也超有哲理的，完全不是一味迷信地解釋，真的很發人深省。最後松樹阿公還把「默」擴大解釋為「默默」，認為凡事只要是保持靜默，真正的感受事情帶來的美好，默默持續地做著，最終將會看到長期努力之下，所帶來的改變與美好，身旁的人也會「默默」被潛移默化。「默、觀、音、默默」，這個媽祖的神奇寶貝，我會一直將它收藏在內心裡最重要的地方，並時時提醒著自己。

位置／殿內明間神龕
開基媽祖神尊
千里眼（右）
順風耳（左）

【第三回】扮戲

位置／步口廊 左牆面水車堵 交趾陶 泥塑
題材／出自《隋唐演義》，表現宇文成都和李元霸於晉陽宮比武之景。

回到家和阿公聊起幫媽祖尋寶的事，阿公從他的書架上拿了《縣定古蹟利澤簡永安宮調查研究》等好幾本書，告訴我一些有關利澤簡媽祖廟的歷史，最重要的是他還提出了一些寶貝的線索。第二天一早我帶著書到媽祖廟，我們五個人圍坐在千里眼大神尪前的長板凳上邊看邊討論。

魩仔：「菜脯哥哥，你可以重頭再講一遍嗎？你們一人一句，我都搞不懂你們在說什麼，我也要知道，不然等一下抓寶就給輸你們了。」

「好。重新講一遍，會整理得比較清楚，大家再來找裡面有沒有藏著寶貝。」我一邊條列大家討論的內容，一邊回答。

叮咚：「用講的不清楚，不然用演的好了，就像我們在學校演話劇那樣比較有趣，舞台我想就在廟前面的走廊上。」

鮘仔：「我最喜歡表演了，我也要加入演出。前面走廊有幾個阿公在聊天，請他們來當觀眾，也可以看看我們演得對不對。」

我們幾個人決定在廟口要用演的來說媽祖廟的歷史。鮘仔早就飛奔到左右鄰居家昭告天下，媽祖廟隔壁的腳踏車店、雜貨店、正在家門口揀菜的阿公、阿媽們都圍了過來。我們五個媽祖尋寶隊的隊員，在廟裡分配角色、溝通了故事大綱後，大家就到媽祖廟前的走廊上準備演出。

我扮演說書人：「我們是媽祖尋寶隊，今天要來演出一段利澤簡媽祖廟的歷史，古早古早蕃薯吃到飽，故事要從兩百多年前的清朝開始說起。」

「利澤簡是什麼地方呢？利澤簡就依偎在冬山河旁邊，本來就是噶瑪蘭族利澤簡社居住的地方。『利澤簡』在噶瑪蘭語代表的是『休息之地』的意思。除了利澤簡社，在冬山河下游附近季新村還有流流社、加禮宛社、婆羅辛仔宛社。其實現在的清水、新店、社尾、五十二甲都曾經是噶瑪蘭族居住與生活的地方。」

「後來漢人為了尋找新天地才從北部來到這裡。漢人在經過清道光元年和道光十五年前後兩次與噶瑪蘭族的激戰，武力佔優勢的漢人，強行佔領了利澤簡社土地，噶瑪蘭族人只好被迫離開美好的利澤簡出走到花蓮。」

「所以考古專家說在利澤簡蓋房子挖地基時要很注意，因為隨時會挖到噶瑪蘭族遺留下的日常生活陶片和器物。老師也提醒我們，不要忘了我們祖先為了找尋一個安身立命的新天地，從很遠的地方來到這裡，卻把原來居住在這裡快樂生活的噶瑪蘭族趕走的歷史。從這段歷史中，我們都應學到平等對待每一個弱勢族群的重要性。」

魩仔：「清倒光，要倒光什麼東西？」

魩仔亂入，我只好趕緊補充：「道光，是清朝第八位皇帝，於西元一八二〇年至一八五〇年在位，年號『道光』。道光的第一年是西元一八二一，道光十五年就是一八二〇加十五，也就是西元一八三五年。」

大俠不知道從哪裏借來了斗笠，還把廟裡的竹掃把當船槳，廟前的階梯成了河道與貨船。「我是這艘船的主人，常常載貨在中國福建、淡水、基隆、利澤簡之間跑來跑去。」「我的船要出航時一定會在船上供奉媽祖，來保佑海上航行一路平安。」土豆仁緊跟在大俠後面：「我是船上一位小船員，船上大小的事情我都會做。」

這時只見魩仔雙手採蛙式一路往階梯外划去，口中還唸著：「我是魚、我是魚。河在哪裡？河在哪裡？」大俠船主只好追著她：「你是船員不是魚，回來、回來！」逗趣的畫面惹得阿公阿媽們忍不住呵呵大笑。

我也趕忙補充：「冬山河舊名『加禮宛港』，利澤簡就依偎在舊冬山河下游蜿蜒河道的南岸，它曾經是蘭陽平原重要的貨運集散的渡口。舊冬山河、利澤簡渡口原本就在我家利生醫院的前面，後來冬山河因為淹水的關係，河道截彎取直才往北移到現在親水公園那裡。」

「啊！利澤簡渡口到了。我們下船卸貨休息，記得把媽祖神像請下船，暫放在渡口岸上大樹下的小草寮裡休息，還有等一下要回去別忘了要請媽祖上船，別像上次那樣『散仙』，船都開到了一半才想到忘了把媽祖請上船！」大俠船主再三叮嚀著小船員。

小船員：「渡口邊的媽祖間，是給船頭媽祖休息的小房

未截彎取直之冬山河，位於利澤簡老街北側利生醫院前／宜蘭縣史館 提供

子。媽祖間裡常常有忘了帶回去的媽祖，我們要回去的時候可要記得帶媽祖上船，免得我們成了『散仙』。」

船主、船員們離開階梯，叮咚掃著地說：「時間過得很快，又幾年過去了。」

只見大俠船主屈身彎腰，拄著拐杖步伐蹣跚地說：「今年是我最後一年來利澤簡了，船上的媽祖一直庇佑著我們。我老了，不再行船了，我要將祂送給這裡的居民，讓祂來守護大家一切平安。」

叮咚接下了媽祖，跟土豆仁拿著稻草作勢修起了岸邊大樹下草寮的媽祖間。接著大俠拉著水管，往廟前的馬路上猛灑水，魩仔則在一旁敲擊隔壁腳踏車店借來修車盛水的鋁製臉盆，直喊著：「風颱來了、風颱來了，草仔厝二三下就被風颱吹壞了！」

「颱風過後雨停了，幾個居民合力砌土牆、抹白灰、蓋了竹竿、茅草的屋頂。」大俠、土豆仁、鮘仔還有叮咚扮演著居民蓋房子，我則在旁邊解說著。

過了一會，大俠又拉著水管往廟前馬路猛灑水，鮘仔在一旁更用力的敲擊鋁製臉盆，大喊著：「大風颱來了、更大的風颱來了，土角厝被風颱吹壞了。」

「媽祖間在渡口旁邊，颱風順著河口進來，這裡是風口又沒有辦法避風，風太大了樹都倒了。媽祖間不管是土墒壁、磚仔壁，遇到颱風一定壞，還是把媽祖間移到街上才好。」大颱風過後，大家聚集在一起，居民叮咚這樣提議著。

大夥交頭接耳經過了一陣討論，居民土豆仁雙手放在腰上提議：「媽祖間在渡口，出入的人多，大家都會來拜拜，但是每年夏天的颱風都造成媽祖間的損壞；利澤簡街也漸漸形成了、人也越來越多，我看就把渡口的媽祖遷到街尾我家的大廳吧。」

接著土豆仁舉著上面寫著「1」的紙箱走出來，我緊接著說：「媽祖間遷到利澤簡街尾巴的民家大廳的時候，根據記載是利澤簡永安宮創建的年代，當時是清代道光六年，也就是西元一八二六年。」

大俠接著手舉寫著「2」的紙箱走出來，後面跟著叮咚，手拿著一張黑白的舊廟照片，展示給兩旁的阿公阿媽們看。叮咚接著介紹：「利澤簡街尾民家大廳的媽祖間，除了出入利澤簡渡口的人，附近村落居民也都會前來拜拜。遇到大拜拜時民家厝就顯得太小又擁擠。此外，經過幾十年，街上的房子都翻新了，媽祖廟就移到現在這裡，在原來的土地公廟土地上重新蓋了新廟。根據記載，利澤簡永安宮第二次興建的年代，已經是清代咸豐皇帝，咸豐元年也就是西元

一九二八年前的利澤簡永安宮
／五結庄役場 一九三四年《寺廟台帳》
五結鄉公所 提供

一八五一年。」

「照片中舊的媽祖廟，好像現在利澤簡街後面的王公廟。」阿公們看著舊照片討論著。

鯓仔從媽祖廟中間大門裡面探出頭來，舉著上面寫著「3」的紙箱。我在廟前的走廊指著中門上面的廟匾說：「昭和庚午年，媽祖廟又重新蓋新廟，當時已經換成日本人統治臺灣，昭和是當時日本的天皇，也就是西元一九三〇年。」

「木溪的玄孫，你知道你高祖父是媽祖廟第三次重建的建設委員嗎？」溪圳阿公指著廟匾問著我。

「我有看到高祖父的名字，他排第一個，上次和阿公來他有特別跟我說。」我胸有成竹的回答。

位置／步口廊明間大門上方　一九三〇年

位置／步口廊左次間大門上方　一九六六年

位置／步口廊右次間大門上方 一九七五年

我跑到左邊的大門前指著上面的廟匾：「丙午年，也就是民國五十五年，西元一九六六年，媽祖廟三十六歲，這個匾為媽祖廟整修留下記錄，但上面沒說修了什麼。」

接著我又跑到右邊的大門前指著上面的廟匾說：「民國六十四年，也就是西元一九七五年，媽祖廟四十五歲。阿公說媽祖廟當時換了廟的屋頂楹仔且重新做屋頂，另外室內也重新彩繪。」、「還有還有，民國九十五年，也就是西元二〇〇六年，媽祖廟七十六歲，被宜蘭縣政府指定為縣定古蹟。民國一〇一年，也就是西元二〇一二年，媽祖廟八十二歲，年紀大了身體欠安，經過專業的古蹟醫生診斷後進行大整修完成。」

我們最後在走廊上結束表演並且鞠躬謝幕，在場的阿公阿媽們都給了熱烈的掌聲。鮘仔說，早知道就把廟裡的銅鑼拿出來當打賞裝錢的盤子。溪圳阿公舉了大拇指跟我們比了個「讚」的手勢：「你們很厲害，用演的來講媽祖廟的歷史，比寫在書上好看，你們幾個猴囝仔演出的故事，過再久也不會忘記。」

阿公阿媽們散去之後，我們在走廊上興奮的討論是不是要把三個大門上方的木匾列為媽祖的寶貝。我說：「這三個木製的匾看起來很相似，但是第一個匾跟第三個匾卻相差了四十五年，木匾裡面就訴說媽祖廟不同興建和整修的時間故事。」

土豆仁接著補充：「這三個木匾製作得很精緻，匾的上面和旁邊都有龍的雕刻，下面還有雕刻的檯座。」

就這樣我們把廟大門上的三個由飛龍守護的木匾，列為「幫媽祖解說蓋廟、修廟時間的時光寶貝」。

【第四回】寄附

劉海戲金蟾賽錢箱　木雕　一九三〇年　陳銀生製作

訴說媽祖廟蓋廟、修廟的時光寶貝，是從三個大門上的木匾裡的文字找到的。在經過大掃除後媽祖廟變得更乾淨，大家決定把廟的柱子、牆壁、匾額上的文字統統找一遍，看可不可以找到更多寶。尋寶行動前，大俠回家拿露營專用的手電筒把文字照亮，土豆仁、叮咚則負責先找字，魩仔毛遂自薦負責把文字唸出來，我則是記錄大家覺得可能有寶貝線索的文字、還有發現的位置。我們從外面的走廊開始再往室內找，大家連左右兩邊神龕後面的廂房都沒放過，經過兩個多小時的尋找、記錄，我們覺得具有寶貝線索的文字有：

【走廊上】

外檐石柱：「歲次戊辰年孟冬之月 錫檝社賴梯榮陳朝賢敬獻」

牌樓面石柱：「昭和三年孟夏 盧子安敬撰 宜蘭楊瑞源敬獻」

中大門左邊大理石片：「蘇澳庄猴猴 弟子劉阿章敬獻」

中大門左石獅磬牌：「昭和戊辰年 仲冬之月」

中大門上木匾：「庚午年孟冬之月吉旦 建設委員 林木溪、林維、林振隆、林大目、林木火、林柏炎、賴阿牛、林金水、朱錦源、陳條旺、蔡亦香、陳金泉」

位置／步口廊大門 石雕
題材／公獅踩球懸磬 一九二八年

左大門上木匾：「丙午年重修 永安宮修建委員會一同」

右大門上木匾：「民國六十四年仲秋 永安宮主任委員 林宗聘敬献」

【廟內】

前點金石柱：「昭和三年孟夏 盧子安敬撰 鍚椒社馮天明敬獻」

後點金石柱：「戊辰年蒲月 洪雍學敬書 利澤簡林繼成敬獻」

後附點金石柱：「戊辰年蒲月 洪雍學撰書 冬山徐林氏阿素敬獻」

左牆面「蒼龍教子」：「寄附芳名開列于左 利澤簡代表 林允宗、林柏炎、林柏川、林全治、林阿旺、林旺財、林品銳、林火炎、林榮燦，新店代表 林阿呆、林錦全、林金品、林新壽、林氏阿嬌、林溪圳、林柏山、林燈桂，松子腳代表 林阿母、林阿呆、林阿祈，加礼宛代表 林水萍、林双溪、林水枝，寶斗厝代表 林水全，埤子尾代表 林金獅」

右牆面「福壽日增」：「昭和五年 庚午季春置 何姓寄附 金榮金六元、永標金六元、天賜金六元、阿旺金六元、阿福金六元、阿捭金五元、阿土金四元、阿賜金四元、阿三金四元、土生金四元、焰福金參元、阿婦金參元、阿憨金參元、阿石金參元、阿倉金參元、水宇金參元、烏定金參元、

位置／殿內左牆面
寄附芳名錄

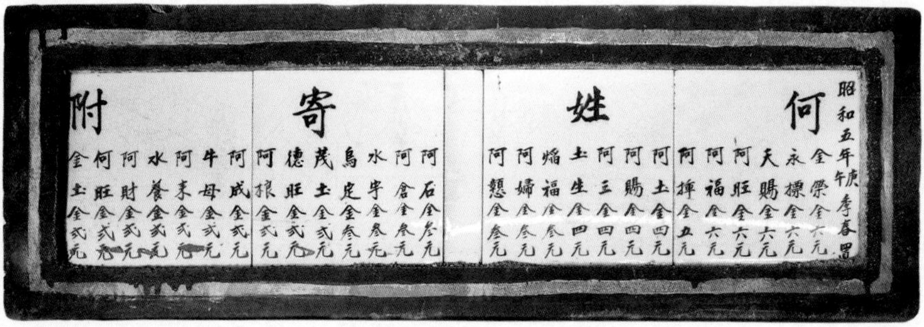

位置／殿內右牆面
寄附芳名錄
一九三〇年

茂土金貳元、德旺金貳元、阿根金貳元、阿成金貳元、牛母金貳元、阿來金貳元、水養金貳元、阿財金貳元、何旺金貳元、金土金貳元」

中間神龕前的神桌：「昭和五年歲次庚午季秋之月 羅東郡五結庄信士…仝謝」

中間神龕前的頂桌：「中華民國丁巳年孟夏之月 永安宮利澤村…敬奉」

中間供桌左桌腳：「庚午年 寄附金額每名五圓 弟子代表林允宗、林壽昌、林連宜、林阿球、林阿法、林阿賊、林尜塗、陳阿宗、陳朝宗、陳萬傳、游永順、游火旺、鄭豬屎、劉阿財、吳阿北、郭阿掩、蕭阿賢同謝」

中間供桌右桌腳：「孟秋之月 寄附金額每名三圓半 利澤簡信女林陳氏查某、林陳氏阿邁、林黃氏阿有、林蔡氏阿蒠、李游氏阿幼、林沈氏阿保、陳張氏阿頭、朱廖氏招治、成與信女 林謝氏阿春、林李氏阿蕉、林曾氏阿笋、陳劉氏阿邁、張陳氏玉蝦 同謝」

中間供桌上的香爐：「昭和庚午年 孟冬之月 永安宮弟子…同謝」

中間前供桌上方「湄島聲靈」匾額：「昭和己巳年 瓜月吉旦敬立 花蓮港信士…仝謝」

中間神龕上方的「與龕同功」匾額：「昭和庚午年 季夏之月穀旦 信士…同謝」

殿內明間〈與龕同功〉木匾 一九三〇年

大家像哥倫布發現新大陸般的興奮，仔細地從文字找線索，有任何蛛絲馬跡也不放過。鮒仔唸得很開心，只是很多字不會唸，倒是發明了有邊讀邊、沒邊唸中間的方法，害我邊聽邊抄得快被搞亂了，還好大俠他們在旁邊幫忙即時更正，不過仍有些不會唸的字，我只好先抄寫下來，只是我的手要追趕他們找文字的速度，寫到手可差點廢了。

把可能的文字線索統統都抄在紙上後，我回家拿了國語字典以及筆記型電腦。大俠、土豆仁也把平板電腦帶來，請坤成廟公把他手機網路的分享打開，讓我們可以上網找資料。我們把文字分成時間、地名、金錢，以及不知道意思的文字，大家分工查資料。

「寄附、寄附，寄過去要附郵票、還是要付錢？」鮒仔首先發問，把他覺得最有趣的「寄附」提出來與大家討論，看看誰能幫他先解答。和坤成廟公一起聊天泡茶的溪圳阿公聽鮘仔一直唸著，就用閩南語唸著「寄附」來回應鮘仔。他首先幫鮘仔解答，「寄附」就是捐贈、捐助的意思，跟廟裡常可看見的「敬獻」是一樣的。還說寄附是日本人的習慣用語。但其實這兩個字在唐朝詩人白居易的詩作裡就出現過。每個時代都有不同流行的說法和用法。曾聽阿公說溪圳阿公以前就在街上當代書，對漢字、古典文學特別的喜愛和瞭解，這下子我們可有靠山了。

「年」是叮咚負責的，她說：「媽祖廟記錄年代的方式有兩類：第一類是『昭和三年、昭和四年、昭和五年、昭和六年』，第二類是『戊辰、庚午、丙午、己巳、丁巳』。從找到的資料得知，『昭和』是日本昭和天皇在位期間使用的年號，與中國以皇帝的年號來區分年代一樣；『戊辰』則是以天干地支組合，來表示年代的方式。有一個年代對照表可以互相對照，但是我不會用，溪圳阿公您可以教我們嗎？」

「你說的昭和年代是當時臺灣被日本統治時，日本人記錄年代的方式。臺灣從西元一八九五年到一九四五年被日本統治，五十年間共經歷了日本明治、大正、昭和三位天皇，昭和元年是一九二六年。從這個『中、日、西元年代對照表』，可以查到昭和三年就是西元一九二八年、昭和四年就是西元一九二九年、昭和五年是西元一九三〇年。」

「另外，戊辰年是中國長久以來『干支紀年』的方式。『干』是十天干（甲、乙、丙、丁、戊、己、庚、辛、壬、癸），而『支』是十二地支（子、丑、寅、卯、辰、巳、午、未、申、酉、戌、亥），依順序共配成六十組，用來表示年代，循環使用一個周期為六十年，稱為一甲子。查『中、日、西元年代對照表』時，為了避免一差就差了六十年，要先對朝代皇帝的年號，所以先把匾額『昭和己巳年』、香爐『昭和庚午年』作為參考，找到『戊辰』往同一行旁邊就可對到西元一九二八年、日昭和三年；『己巳』就是西元一九二九年、昭和四年；『庚午』為西元一九三〇年、昭和五年；『丙午』為西元一九六六年、民國五十五年；『丁巳』則是西元一九七七年、民國六十六年。」

溪圳阿公教我們使用「中、日、西元年代對照表」查年代，我們如獲至寶般的把原本看不懂、弄不懂的年代真正弄懂了，也開始會用年代對照表，將清代、日本、民國、西元等不同年代表示的方式替換使用，並且運用自如。

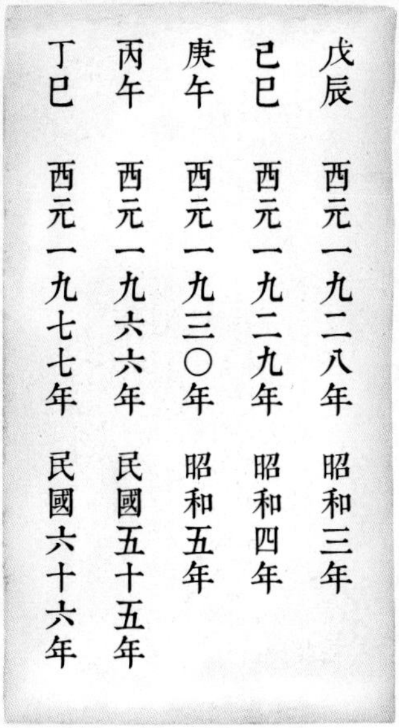

戊辰	西元一九二八年	昭和三年
己巳	西元一九二九年	昭和四年
庚午	西元一九三〇年	昭和五年
丙午	西元一九六六年	民國五十五年
丁巳	西元一九七七年	民國六十六年

「月」和「日」是土豆仁負責的，他先興奮的告訴大家「吉旦、穀旦」，就是「好日子」的意思，所以立柱子、掛匾額、供桌、香爐時都是好日子。一聽到「好日子」讓人不由自主的感到舒服起來。當大家還沉浸在「好日子」的美好與舒服裡，喜愛大自然的他還更興奮地拉高聲調說著他的新發現：農曆十二個月份中，每三個月為一季，「孟」是指開頭、「仲」在當中、「季」次序最小，更特別的是每個月以不同盛開的花朵、成熟的果實來命名：

一月：孟春、端月（端：開頭之意）
二月：仲春、花月（當月百花爭放）
三月：季春、桃月、桐月（桐花盛開）
四月：孟夏、梅月（梅子成熟、梅雨季）
五月：仲夏、蒲月（端午節家家戶戶於門楣掛上菖蒲避邪）
六月：季夏、荷月、荔月（荔枝盛產）

七月：孟秋、瓜月（瓜果成熟）
八月：仲秋、桂月（桂花飄香）
九月：季秋、菊月（菊花盛開）
十月：孟冬、陽月（小陽春，冬日太陽溫暖如春）
十一月：仲冬、葭月（蘆葦開花）
十二月：季冬、臘月（「臘」是古代的一種祭祀，在歲末舉行）

土豆仁神情自若又謹慎的拿著他的小筆記，對著我們吟著：「媽祖廟黃色石柱，是在一九二八年梅子成熟的梅月也就是四月，以及掛上菖蒲避邪的蒲月，也就是五月樹立起來的。走廊大理石圓柱晚了約半年，也就是一九二八年，太陽溫暖如春的冬日陽月，十月完成的。廟內中間高懸的『湄島聲靈』匾額，是在一九二九年瓜果成熟的七月，也就是所謂的瓜月掛上的。進出媽祖廟左右兩側牆上『蒼龍教子』與『福壽日增』的裝飾，是一九三〇年三月，也就是桃花及桐花盛開的桃月、桐月做的。高懸在廟內中間神龕上的『與飆同功』匾額，於同年四月～六月，梅子及荔枝熟成盛產間的夏季完成。同年瓜果成熟的七月，也就是瓜月，信徒獻上了中間神龕的供桌。供桌上木製香爐及走廊中間大門上方的木匾，製作於同年十月，也就是孟冬小陽春時。而右邊神龕頂桌則是一九三一年二月，百花爭放花月仲春時完成。」

有了成熟的梅子、荔枝等瓜果、盛開的桃花、桐花，加上冬日溫暖的太陽，月份不再只是一到十二的數字，而是色彩繽紛、精采、豐富的時節，讓整座廟的色調都鮮活了起來。

在軍師溪圳阿公指導下，負責「地名」的大俠，終於對「宜蘭街、羅東郡、五結庄、花蓮港、冬山、蘇澳庄猴猴、鏍檄社、新店、松子腳、加禮宛、寶斗厝」等地名有比較確切的了解。透過google地圖，他一一說明地名所在的位置，讓大家了解它們與利澤簡在地理上的關係。

夏獻綸審定、余寵繪製，一八七九年
《台灣輿圖—台北府宜蘭縣分圖》

溪圳阿公補充：「昭和三年到昭和五年媽祖廟興建時，整個宜蘭地區在行政上都隸屬台北州。宜蘭地區共分成宜蘭郡、羅東郡、蘇澳郡等三郡，在每個郡的下面還有街、庄。而宜蘭街就是現在的宜蘭市區，羅東郡五結庄就是現在的五結鄉，蘇澳庄就是現在的蘇澳鎮，花蓮港則是花蓮市舊地名，指的是花蓮市區。另外猴猴、鼬轍社、新店、松子腳、加禮宛、寶斗厝，則是利澤簡附近村落的舊地名。蘇澳庄猴猴位於現今的蘇澳鎮龍德里，新店、加禮宛在現今冬山河下游南岸的五結鄉季新村；寶斗厝為現今利澤簡東邊約利澤國中旁，鼬轍社是利澤簡往北、過利澤簡橋的五結鄉協和村，松子腳則位於現今冬山河下游北岸的五結鄉孝威村。這些地方以前都屬於利澤簡媽祖廟的信仰範圍，可見利澤簡媽祖照顧的範圍可是遍及冬山河下游兩岸，甚至往南到五結鄉成興村、蘇澳鎮頂寮里、以及龍德里一帶。」

自稱最愛錢的鮑仔，當仁不讓自願負責「錢」。她的腦筋動得快，好像小老師似的，出了兩題數學題目考我們：

第一題：在中間供桌左邊桌腳，有十七個男生的姓名，每名捐五元，另外同樣在供桌右邊桌腳，有十三個女生的姓名，每名捐三元半，請問男生共捐了多少錢？女生共捐了多少錢？供桌一共有多少人捐錢？製作一張供桌需要多少錢？

（答案：男生捐85元，女生捐45.5元，30人捐錢，這張供桌130.5元。）

第二題：媽祖廟右牆面上有幅「福壽日增」作品，全部都是何姓的信徒捐獻的，捐六元的五個人、五元的一個人、四元的四個人、三元的七個人、二元的十個人，請問一共有多少人捐錢？共捐了多少錢？

（答案：一共27人捐錢，共同捐了92元。）

鰗仔真是太聰明了，居然可以把媽祖廟捐錢的人名、金額，變成數學題來考大家。我在想，當時訂製一張雕刻精美的木雕供桌需要一百三十元又五角，做一幅「福壽日增」作品需要九十二元，而當時大家捐的金額每人卻僅是二到五元不等。聽爸爸說現在大家婚喪喜慶包紅包金額大概是二千到六千元，金額比當時多了一千多倍，若以此推估現在要做供桌、福壽日增，金額可能就需要高達約十萬至十五萬。但我不禁猜想，現今是否還能做出像八十六年前一樣美的作品？

殿內明間〈湄島聲靈〉木匾 一九二九年

昭和四年（一九二九）〈宜蘭街職業地圖〉／高傳棋　提供

【第五回】與青氣同功

宜蘭街
レンツネ
蘭郡役所
宜蘭製油会社
謝清海
林成興商店
城隍爺
城隍街
乾
門
文武廟
文昌路
舊城西路
坤
武營街
守備隊
郵便局宿舍
中山路三段
新民路
康樂路
市場
宜蘭郵便局
総督府宜蘭医院
台湾銀行支店
郡役所
警察署
塗師尾旅館
台北刑務所宜蘭支所
鴻賓旅館
宜蘭牧場
舊城
一
二
三
四
五
六
1
2
3
5
6
7
8

從媽祖廟牆壁、柱子到匾額的文字裡，我們看到不同呈現年月日的方式。大家最喜歡用盛開的花和果實來為「月」命名，而舊地名直接讓人知道當地的特色也是很棒的。接下來要找什麼呢？就在大家躊躇站在中間拜桌前時，我突然發現神龕上方「與靝同功」匾額上的「靝」字，好像沒有查過。而這個字該怎麼唸呢？

「那就有邊讀邊沒邊讀中間，左邊『青』、右邊『氣』，所以是與青同功，還是與氣同功呢？」大俠一開始很篤定的說，但後來自己也覺得怪怪的。倒是魩仔機伶的向坤成廟公借了手機，查到了「靝」是天的古字，和「與天同功」的讀音和意思是相同的。

「天用青、氣二個字組合而成，真是太神了，感覺就像是在描寫晴空萬里時天空湛藍的顏色。」土豆仁用他對顏色的敏感力將「靝」字描繪上了色彩。

殿內明間〈與龘同功〉木匾　一九三〇年

原本還坐在一旁聊天的溪圳阿公，此時靜悄悄地來到我們身旁，示意我們到供桌的後面。溪圳阿公小心翼翼地打開照亮供桌背面的燈，我們跟著他蹲下來，他壓低音量神祕地說：「這裡還有沒被你們找到的文字。」

在聚焦的燈光照射下，手寫金色的文字把我們震攝住了，大家靜靜的仔細看著在黃色燈光照射下有些許反光的文字：

一九三〇年 七月立 勞農兄弟團結
宜蘭西門 製造元森隆商店 陳銀生

我們深怕唸錯，放慢速度一個字一個字的唸。唸完之後大俠卻義憤填膺馬上接著說：「怎麼會有人在桌子的背面用金漆亂寫字，還簽上自己的名字和日期？媽祖廟是宜蘭縣的古蹟，怎麼可以亂破壞呢？我一定要查出是誰寫的。」

殿內拜桌正面

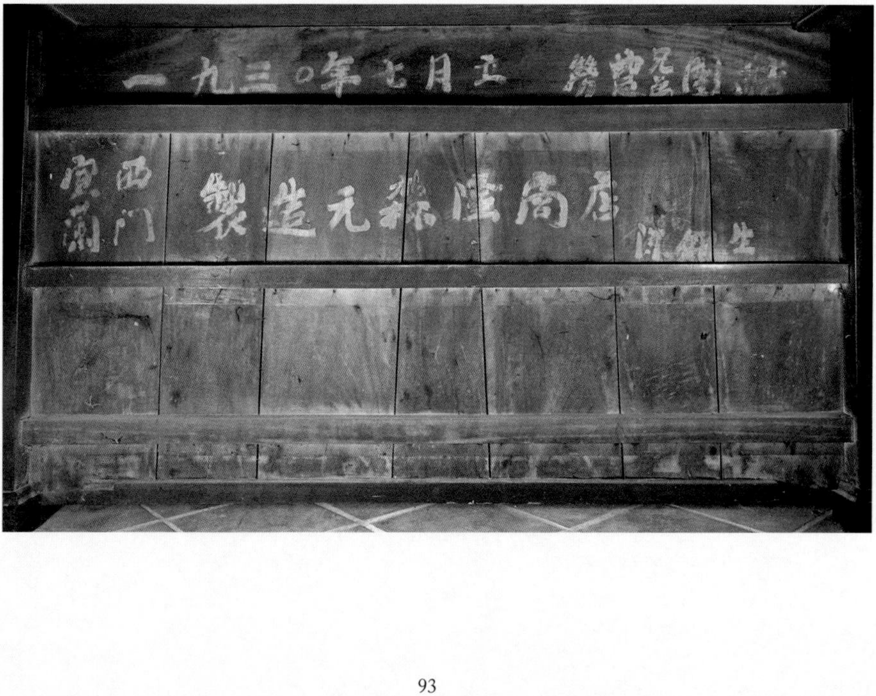

殿內拜桌背面

倒是叮咚有不同的看法：「如果是亂塗鴉又怎會費心的幫它打燈光？況且一九三〇年不就是蓋廟第三年『庚午』年，七月就是供桌前面寫的『孟秋』，時間都一樣啊，難道是當時製作供桌的人偷偷寫上去的？他們大可以把字雕刻在正面，為什麼要寫在大家都不會看到的地方呢？」

「你們很會推理，這幾天下來都快變成偵探了。這些字可是五年前才被負責媽祖廟調查研究的老師發現的，經過他們的判讀應該是當時製作供桌、負責廟裡面所有木雕的陳銀生匠師所留下來的，這些字可是很有價值的呢。」溪圳阿公神情驕傲地說著。

「我算過，這精美的木雕拜桌在廟蓋的時候就要一百三十元又五角，廟裡面和走廊上還有好多的木雕作品，算一算應該很有價值，但是溪圳阿公怎麼會覺得這些字比較值錢呢？難道是因為它是金的嗎？」魩仔一臉疑惑急著想知道答案。

溪圳阿公：「陳銀生（一八九九～一九六三）精於木雕，老家在中國福建省惠安縣，十六歲時才渡海來到臺灣從事寺廟木雕工作，最後選擇落腳在宜蘭經營『森隆商店』。他的雕鑿技藝精湛，現在宜蘭城隍廟、二結鎮安宮、羅東慶安宮、南方澳南天宮，甚至台北龍山寺、和嘉義新港奉天宮都有他的作品。在日本人統治臺灣的年代，陳銀生在蔣渭水等的號召下，組織蘭陽工友會發展工運響應非武裝抗日運動，最後他因為擔任蘭陽中華會館主席，被判刑十五年。不幸中的大幸是在他入獄四年後，因日本戰敗被釋放出獄。出獄後他除了繼續從事木雕、家具等工作外，更組織宜蘭總工會並擔任理事長，以及第一到三屆縣議員及第三屆副議長。『勞農兄弟團結』是一九三〇年時蔣渭水提出的重要主張，陳銀生司傅用這種特別的方式『發聲』，而今八十幾年後才重現我們的眼前，你們覺得神不神奇？」

太不可思議了，在小說、電影裡才會出現的情節，竟然真實的出現在媽祖廟。供桌背面上木雕匠師陳銀生親筆留下的字，就彷彿他活生生的在我們面前，和我們說著他在日本統治時的故事。當我還沉浸在陳銀生的故事裡時，叮咚提議：「菜脯，剛剛溪圳阿公有提到蔣渭水。我記得上次你說你阿公曾帶你看過紀念蔣渭水的舞台劇和集紀念蔣渭水的章，那你一定知道蔣渭水的故事，可以跟我們分享嗎？」

「對耶！你們等我一下。」接著我以奧運金牌閃電波特（Bolt）跑百米的速度衝回家，拿了集章地圖氣喘吁吁地再衝回來。

「這張是〈蔣渭水宜蘭行跡導覽圖〉，是宜蘭縣史館為了紀念蔣渭水所製作的。上次我阿公就是用這張以西元一九二九年〈宜蘭街職業地圖〉為底圖所製作的導覽圖，帶我到地圖上的地點跟我說蔣渭水的故事，我就用這張導覽地圖和上面的照片一站一站帶你們認識他。」

第一站，我們先到位在宜蘭市中山路三段的宜蘭郵政總局，一八九一年，蔣渭水就誕生在這附近的老家。

第二站，我們來到宜蘭城隍廟。蔣渭水小時候，他的父親就在城隍廟前擺攤替人算命，而他自己也曾幫忙打掃整理城隍廟賺錢貼補家用；之後阿公帶我進到廟裡面參觀。

第三站，是很有書院氣息的宜蘭碧霞宮，我們進去走一圈，想像他八歲時在這裡跟著張靜光老師學習漢文的樣子。

第四站，中山國小（宜蘭公學校）大門口。蔣渭水十六歲才進學校，當時他直接就讀四年級，二年後畢業。

第五站，我們來到新民路的陽明大學附設醫院（宜蘭醫院）前。蔣渭水從公學校畢業後，曾短暫在醫院當傭員，受到院長鼓勵，他潛心自修。十九歲時，他以第一名的成績考上臺灣總督府醫學院（今國立臺灣大學醫學院）。二十四歲他醫學院畢業後，回到宜蘭醫院擔任外科助手一年。

第六站，宜蘭媽祖宮（昭應宮）。我們先從門口、前殿、媽祖殿、觀音殿走到最後面的廚房。蔣渭水在醫學院讀書時，同時在台北經營冰店及東瀛商會，他將賺的錢在媽祖宮後面設立讀報社，也就是小型的圖書閱覽室，並交給弟弟蔣渭川經營，希望大家透過閱讀、唸書給人聽，來獲得知識啟發智慧。蔣渭水真的很了不起！

之後阿公和我坐在前殿與正殿間天井右側走廊的座椅上，抬頭望著藍天和廟屋頂的燕尾，繼續聽阿公說：「蔣渭水在宜蘭醫院當助手不到一年，二十五歲時就到臺北大稻埕開設『大安醫院』幫人看病，二十六歲還經營春風得意樓、代理銷售甘泉老紅酒等事業。到了一九二一年三十歲，他重新燃起社會改革的熱情，開始參與促進台灣成立特別議會的請願活動、創立了『臺灣文化協會』。文化協會本部就設在大安醫院，他擔任文化協會會報的編輯及發行人。在第一期文協會報裡，他撰寫到至今都公認寫得很中肯的〈臨床講義〉，診斷臺灣得了智識營養不良症，需要大量各級學校教育、圖書館、讀報社作為療方，之後文化協會舉辦各種演講會，展開文化啟蒙運動。一九二四及一九二五年，蔣渭水三十三歲及三十四歲時，他兩度因為成立臺灣特別議會的社團組織而被起訴遭判刑入獄，史稱『治警事件』。三十五歲時他成立『文化書局』，希望從外國及日本勞工農民爭取權益的書籍中，為當時臺灣的政治與勞農社會運動找到方法。」

第七站，我們來到宜蘭文昌廟的廟埕。阿公說一九二七年三十六歲的蔣渭水，在新年元旦提出「同胞須團結、團結真有力」響亮的口號，同時他還發表「以農工階級為基礎的民族運動」；同年七月他創立「臺灣民眾黨」，九月「臺灣民眾黨宜蘭支部」在文昌廟舉行成立大會，蔣渭水也到現場演講。我一聽到蔣渭水就在這裡演講，馬上高舉右手學著《大稻埕》電影裡大喊：「同胞須團結、團結真有力。」

第八站，我們走到文昌路與舊城西路交叉口附近，阿公說這裡曾是「臺灣民眾黨宜蘭分部」所在地。宜蘭分部成立後，九月到十一月間由農民組成的「蘭陽農業組合」、勞工組成的「蘭陽總工友會」陸續成立，地點都在同個地方；隔年一九二八年三月，「民眾講座」舉行啟用儀式，蔣渭水也到場參加和演講。我的手指著地圖左側「臺灣民眾黨宜蘭支部、蘭陽農業組合、蘭陽農業組合」時，突然發現陳銀生的「森隆商店」竟然就在民眾黨宜蘭支部的隔壁！原來，溪圳阿公提到的陳銀生抗日運動，不是傳說而是真實發生在這片土地上的。

一九二八年蔣渭水三十七歲，全臺灣勞工組織的總會「臺灣工友總聯盟」成立，蔣渭水擔任指導各「工友會」及「農民協會」的顧問角色。這一年民眾黨成立全島巡迴演講隊，他受邀到處去演講。一九二九年他三十八歲，在痛恨日本政府販賣鴉片、讓臺灣人吸食成癮，造成人民身體損傷家庭破碎下，開始領導反對日本政府販賣鴉片的運動，隔年國際組織還派人來臺灣調查日本政府專賣鴉片的事。一九三〇年他揭發原住民因不滿日本當局，長期苛虐暴政而聯合襲殺日本人的「霧社事件」真相。一九三一年蔣渭水四十歲，他創立的「臺灣民眾黨」被日本政府解散，到了同年八月五日，不幸地於台北醫院病逝。

說完蔣渭水的故事後，我們突然覺得這張寫著「勞農兄弟團結」金字的供桌，就好像一台時光機，只要我們蹲下來探頭進去，看著桌子背面這些發光的金字，就會帶我們穿越時空回到一九三〇年代，回到日本不平等統治的時代裡，看見蔣渭水和陳銀生等人用各種行動，為社會最底層農民勞工等爭取權益的閃耀偉大事蹟。

溪圳阿公用手指著上方示意要我們抬頭，我們才驚覺這裡正是「與飆同功」匾額的正下方。一時間，我會心一笑：「這或許是媽祖巧妙的安排，要大家認識蔣渭水、陳銀生，然後學習他們的精神，照顧廣大生活在社會底層的人民，讓他們的生活一掃陰霾轉而萬里晴空，相信這樣做的人，他的功德就會與天同功！」

殿內明間〈與⿰香氣同功〉木匾文字　一九三〇年

【第六回】虎爺不見了

位置／殿內神龕 木雕
媽祖神尊贊座背面

三年級的鮂仔說她只聽得懂時光機，我只好努力用簡單的方式，向一臉疑惑的她解說供桌背面「勞農兄弟團結」和頭頂上「與䕑同功」匾額的故事。

這時溪圳阿公問我們知不知道虎爺的故事。

「老虎是非常兇猛的動物，像有人在門口養大狗，壞人就不敢靠近。如果我能養老虎，看誰還敢不怕我？廟的神龕下面是虎爺將軍，會驅逐與降服惡魔。」大俠第一個搶答。

「老虎怎麼可能讓你養，感覺好像是狐假虎威、仗勢欺人！那個『福壽日增』裡的老虎可是象徵著福氣！」叮咚馬上糾正大俠。

「老虎雖然有著兇猛的形象，但是世界上的老虎因為人類農作破壞牠們的棲地、補獵獲取毛皮謀利等，已經嚴重危害老虎的生存，有一些種類的老虎已經瀕臨滅亡了。」土豆仁憂心地說。

鰗仔：「阿媽說虎爺是保佑小孩子的守護神。以前年紀很小的小孩都會穿虎鞋、帶虎帽，讓虎爺保護他們快快長大。阿媽還說虎爺會咬錢給人，也會帶給人財富。」

「奇怪！怎麼沒看到虎爺，只剩下香爐了？」經溪圳阿公一問，我蹲下來仔細看，才發現媽祖廟的虎爺不見了。

「對啊，記得廟神龕下面都會放一隻小老虎，象徵虎爺的神像，我還有看過兩隻的。媽祖的虎爺為什麼不見了？」大家一時之間都慌張起來，還以為是溪圳阿公故意把虎爺藏起來、跟我們鬧著玩的。溪圳阿公看我們緊張的樣子，忍不住笑著說：「我們媽祖廟的虎爺神像早就不見了，這個傳說故事坤成廟公講得最清楚，你們去問他。」

我們急忙的跑去找坤成廟公，全部圍著他，請他趕快告訴我們。坤成廟公要我們坐在長板凳上，聽他娓娓道來：

「這個『張公鬥三王』是很久很久以前的故事了，我也是聽老一輩的人一代一代傳下來的。這個故事牽涉到三間廟：供奉張公聖君的蘇澳晉安宮、三山國王的冬山鄉火燒城振安宮，還有我們的利澤簡永安宮。這三座廟宇分別屬於福建泉州、廣東客家、福建漳州移民的地方守護神。

傳說有一天蘇澳晉安宮的信徒進入山裡砍柴，張公事前知道他會有危險，就隨行在暗中保護，果然他還沒進入山區就被出草的原住民盯上，入山後就中了埋伏。就在出草的原住民正準備拉弓射箭時，突然天降一黑臉大漢，高兩公尺多，手中還揮舞著大刀，往他們直接劈過來，他們見狀嚇得四處逃散、落荒而逃，不過他們很熟山裡的環境，不久後又聚集在一起。這時候剛好有一群冬山火燒城的居民路過，準備上山砍竹子，出草的原住民一時怒氣未消，便追殺他們，逃得慢的居民因此死傷累累。逃得快的居民回到冬山火燒城，急忙向振安宮的三王訴苦。

就這樣三王以為張公身為神明卻有分別心，只保護自己的信徒而讓祂的信徒被殺害。三王大怒，定下日期，要和蘇澳張公聖君一決高下。三王還透過乩童，通知火燒城城內與城外的居民，決戰當天準備飯菜『犒軍』，犒賞天兵神將的菜碗從廟口一路排到武荖坑橋。

到了當天，武荖坑內煙霧瀰漫、狂風大作、風沙漫天，伸手不見五指。居民只聽到咚咚戰鼓齊鳴、大刀舞動的聲音不絕於耳，但並沒有看到戰鬥的影像。大家心中雖膽顫心驚但又充滿好奇，卻都不敢靠近，只敢遠遠的叩頭祭拜，祈求這些景象早日落幕。

張公與三王的大戰打得天昏暗地、日月無光。三王勇猛無比，而張公法力高強。兩位神明都使出看家本領，親身率領自家兵馬上陣。到了黃昏，武荖坑溪的溪水已泛紅。

張公鬥三王，一直持續到了第二天下午。火燒城居民害怕再戰下去，將會波及無辜，造成無法預期的傷害，便急忙派人趕往利澤簡永安宮，懇請媽祖出面調停。經獲得媽祖的指示與同意，請出利澤簡永安宮神龕下的虎爺神像，代表媽祖趕往武荖坑前來調停。這一戰打到第二天半夜，山間雲霧更濃，虎爺到達不久後，忽然天地間平靜了下來，天空澄靜、一片祥和，和剛才肅殺之氣大相逕庭。

這一戰雙方互有損傷，三王在張公一刀砍來的時候，忙著低頭閃避，但是帽上的簪纓被一刀砍落。不過張公也沒有得到便宜，小腿在百忙之中被劃了一刀。據兩座廟的先人轉述，戰後廟中三王神像帽上的簪纓忽然掉了下來，怎麼黏都黏不牢，而張公神像的小腿出現了一小道刀痕，怎麼補漆都漆不上去。

張公與三王大戰後，三王決定不到張公蘇澳的地盤，張公也不到三王冬山的地盤。所以每次有蘇澳居民前往冬山振安宮恭迎三王神像，回程只要走到聖湖畚箕湖，就不知不覺折回火燒城。冬山居民到蘇澳請張公，情形也是如此。據說後來經過觀音菩薩和媽祖從中緩頰，張公與三王知道是場誤會才冰釋前嫌、握手言和。說也奇怪，言和之後三王的簪纓一黏就牢了，張公小腿上的刀痕一漆就平了。

只是當初被火燒城居民請去調停的虎爺神像，在因緣際會下就再也沒有回到利澤簡。永安宮自從虎爺神像被請出門後，到今天都只有虎爺的神位而沒有神像。」

聽完坤成阿公「張公鬥三王」的精采故事，我們蹲在不見虎爺神像的香爐前。

「原來虎爺神像在很久之前就沒被送回來。現在的大理石香爐是『中華民國壬子年梅月 永安宮旅花同鄉 敬獻』，查年代換算表是西元一九七二年、民國六十一年農曆四月，由利澤簡旅居花蓮的居民敬獻的。」叮咚的語調有著些許沮喪無奈。

大俠突然忿忿不平的站起來高喊：「媽祖的虎爺沒回來，我們的老街就沒有幸福了！我們要不要組隊找一天到火燒城，跟他們把虎爺神像要回來？」

魩仔興奮地跳起來：「好啊！你們看！我們虎爺的香爐上有兩隻小老虎，那我們就叫做兩隻老虎隊，一起把虎爺找回來，把老街的幸福帶回來！」

位置／殿內明間 案桌下
虎爺大理石香爐

【第七回】神仙

位置／殿內左木棟架 插角

題材／飛鳳、人物，人物故事出自《封神演義》第五十三回『三姑計擺黃河陣』，表現姜子牙揚起打神鞭，正中雲霄，碧霄、瓊霄兩仙子發劍衝殺。

今天是大年初一，雖然昨晚除夕大家都領了紅包，但一早每一個人看起來卻顯得意興闌珊。看來「媽祖的虎爺被借走沒再回來」的事件，對大家造成不小的影響。倒是大俠精神抖擻的招兵買馬想把虎爺神像要回來。

「土豆仁、菜脯，我們找時間一起到火燒城的振安宮，我已有把虎爺請回來的必勝計畫。」大俠胸有成竹的搭著我跟土豆仁的肩膀示意我們加入。

而叮咚要大俠別衝動免得誤事。「我們也不知道振安宮裡的虎爺，是不是就是我們媽祖廟的，衝動的去請虎爺回來，一定會被當成小偷的。會不會當時有人覺得媽祖廟的虎爺神通廣大，就偷偷把虎爺請回自己家？不然利澤簡的居民怎會沒去振安宮要。而且都過了這麼久了，也沒人知道虎爺長得怎樣，我看你們還是不要隨便行動，免得被廟方轟出來！」

大俠似乎覺得叮咚說得有些道理，也就暫時打消念頭，不再吵著要去把虎爺找回來。雖然大家表面上沒說，但似乎心裡都覺得利澤簡老街的幸福，好像早已隨著虎爺神像消失無蹤了。過年附近村落到廟裡燒香的居民絡繹不絕，他們來感謝媽祖過去一年的庇佑，也祈求媽祖能保佑來年能平安順利。對比廟裡的人潮擁擠、香煙裊裊、香火鼎盛，我們尋寶隊的心情更顯得落寞與安靜，不像以往過年，與高采烈的比賽誰吃最多碗媽祖廟的平安鹹粥，反而大多的時間我們就待在老街閒晃，無所事事、玩玩狗、逗逗貓。

中午過後，媽祖廟裡擁擠的人潮已散去，我們幾個人圍坐在廟前臨時服務處，看著稀疏前來拜拜的人，試圖找尋一些可以閒聊的話題。就在大家窮極無聊又帶著一點點沮喪時，大俠發現廟前廣場上突然冒出的五個人，其中有一個滿臉大鬍子讓人印象深刻。陸陸續續又來了幾批人，其中有一位阿伯還留著像藝術家長及肩的灰白頭髮，看起來頗有搖滾明星的架勢。最後來了一位斯文瘦瘦的先生，他們指著媽祖廟比手畫腳的討論，這引起我們的注意。他們彼此寒暄幾句後就往媽祖廟走來。

一群人來到廟門口，松樹主委阿公、坤成廟公、還有好幾位媽祖廟的委員和居民，都和他們打招呼閒聊。這時候我們幾個也急忙湊過去，想知道他們是何方神聖。

「松樹阿公，他們是誰？」鮘仔拉著松樹阿公的衣角，迫不及待輕聲地問。

松樹阿公：「他們是過去兩年來幫媽祖修廟的司傅們和設計畫圖的蘆葦老師。你們今天機會難得，有不懂的可以問他們。」

「蘆葦老師，這些孩子就住在老街，這兩個禮拜很認真在幫媽祖找寶貝，麻煩你介紹司傅給他們認識。」

「跟你們介紹，他們是負責修理廟裡所有木構件的『大木匠師』，永遠娃娃臉的永法司、看起來凶悍的金門司、滿臉鬍鬚的文洞司和會細心教人的文從司。負責細木雕修理的是有大肚量的參鎮司。」

「再來是『泥塑剪粘匠師』。『泥塑』是用水泥白灰塑造成人物、動植物造型的作法。『剪粘』是用碗片剪成小片貼在泥塑上塑造人物、動植物的作法。這兩位是很像搖滾明星的文士司、能在屋頂上輕巧行動的阿龍司、以及滿頭白髮、溫和的電貳司。」

「另外，他們是負責彎彎翹翹的屋脊與在屋頂蓋瓦的『瓦作匠師』，說話做事都超快的阮司、以及默默專注做事的清貴司。」

「還有負責彩繪、安金的『彩繪匠師』，藝術氣質濃厚的錫鱗司、以及不拘小節的蒼賢司。」

「他是負責鋪地磚、貼石板，很細心替人著想的進賜司。最後是負責媽祖廟修復協調與調度所有材料、匠師等大小事，為人豪爽留著兩撇鬍子的徐主任。」蘆葦老師跟我們逐一描述介紹司傳們的專業與特徵。

「這次媽祖廟的修理，還好有這些司傳們的通力合作，就好像是『八仙過海、各顯神通』，才能讓利澤簡媽祖廟重新恢復以前美好的模樣，我們廟方很感謝大家。」松樹阿公很開心地說。

我好奇的先問蘆葦老師，為什麼利澤簡媽祖廟沒有像一般傳統方位的面海、面河。媽祖是海神，廟不是要面向海或是冬山河，永安宮怎麼沒有？

「一定是透過擲筊由媽祖決定。」大俠在一旁肯定地說。

蘆葦老師：「我也想過這個問題。當然不能排除擲杯筊請示媽祖而決定的可能性，只是我發現利澤簡和附近的下福、成興、佛祖廟、清水、加禮宛一帶，早期的房子都是以背著海為主。我推測是這裡距離海岸不遠，冬天從東邊太平洋方向吹過來的風很強，要躲東北季風最好的方式，就是將房子躲在南北方向條狀砂丘後的背風面。你們有沒有發現，從老街上往東的王公廟、利澤國小、利澤國中、防疫所、再往利澤海邊走，就可以發現起起伏伏、一會上坡一會下坡的地形，這就是海岸砂丘。所以老街上的媽祖廟在蓋的時候，選擇坐東朝西，就是對應環境、氣候最好的考量。」

叮咚恍然大悟：「難怪冬天我們家的大門儘管關著，總是還會有冷風灌進來，大俠、鮘仔你們家應該也是，菜脯、土豆仁你們家跟媽祖廟一樣面向西邊就比較不會。」

「換我問換我問，修理媽祖廟的司傅就是八仙？哪些司傅是八仙？八仙怎麼顯神通？他們會不會也是媽祖廟的寶貝？」鮘仔這次換拉著蘆葦老師的衣角，想知道誰是八仙。

蘆葦老師請鮘仔別急稍等一下，他先邀請司傅們到廟裡和媽祖與眾神打招呼。在廟裡他們恭敬地上香拜拜，告訴媽祖廟修復完成滿一年，大家很懷念在這裡一起工作的時光，特別選在這一天，回來看看大家努力修復的成果，也趁這個機會讓來自臺灣中部、南部和宜蘭本地的匠師們，聚在一起聊天敘舊，最後大家祈求媽祖保佑家人身體健康、一切平安。

「鮘仔，主委說的『八仙過海，各顯神通』是形容修廟的所有司傅們，大家發揮所長、齊心協力，共同完成媽祖廟的修復。八仙可是最受歡迎的神仙團體，每一間廟無論是木雕、彩繪，還是屋頂上剪黏、泥塑、交趾陶的裝飾題材，總少不了祂們。」蘆葦老師細心地解釋著。

接著蘆葦老師帶我們走到廟前的走廊。「參鎮司、文士司，就請你們跟孩子們介紹廟裡的『八仙寶貝』。」

「你們看永安宮的大門立面，牆壁的柱子和門框之間都是木雕板，中間大門兩側各有三片木雕板，就是以『八仙集慶、四季平安』為主題，而主要人物就是八仙，左堵板有：曹國舅持玉板、呂洞賓持拂塵揹寶劍、劉海持成串銅錢、何仙姑持蓮花；右堵板有：李鐵拐拄拐杖、韓湘子持玉簫、鍾離權持蒲扇和張果老持魚鼓。他們持著法器在雲端上，齊聚前往祝壽慶賀，代表『八仙集慶』之意。八仙集慶旁邊有四個花瓶，上面分別插著牡丹、荷花、菊花、梅花，分別代表春夏秋冬四季。花瓶的『瓶』音喻『平安』，整體代表『四季平安』的意思。」參鎮司耐心地帶我們一一指認八仙，讓我們認識祂們每一尊的不同造型。

位置／牌樓面 彩繪及木雕
題材／門神 秦叔寶、尉遲恭
四季平安、八仙集慶

風調雨順
安排俎豆民心默祝福常
黃國書題

「不只牆上，屋頂還有喔！」文士司把我們帶往廟前的廣場，還不時要我們回頭，問我們看不看得到廟的屋頂。我們乾脆倒著走往後退，直到鮘仔能完全看到廟屋頂上的裝飾才停步。這時候文士司拿出了一支很炫的雷射筆，將光線射向屋頂向我們解說：

「屋頂中間最高的地方，就好像我們人背上中間最突出的脊椎，稱作為『中脊』。中脊分成左邊、中間、右邊一共有三段，這是為了讓媽祖廟看起來比較雄偉，特別把中脊的中間段挑高，這稱作為『三川脊』。」

「你們先看到中間段的中脊，在最上層的脊頂裝飾是『福祿壽三仙』。中間戴著官帽的是『福仙』、左邊抱著小孩的是『祿仙』、右邊拄著拐杖的是『壽仙』，又稱『財子壽』三仙，象徵福氣、功名、長壽及多子多孫。福祿壽三仙的兩側是轉過頭來面對我們的『雲龍』。」

位置／屋頂明間中脊　泥塑及剪黏
題材／福祿壽三仙、雲龍

「福祿壽三仙的下方是『虎、豹、獅、象、麒麟』五隻神獸。再往下一層就是八仙：李鐵拐、鍾離權、呂洞賓、張果老、曹國舅、韓湘子、何仙姑、劉海等。你們仔細看每個仙人都有兩種造型：一個是拿著各自的法器，另一個則是祂們各別騎著虎、獅、麒麟、象、驢、鹿、金蟾、牛等祥獸，而在八仙下方是海浪、魚群，這代表『八仙過海、各顯神通』。」

「另外左右兩邊中脊上的裝飾，上面是『龍吐水草、鯉魚出水』代表『鯉躍龍門』。廟的三個大門上的木雕，左右大門上是鯉魚，中間大門上是龍頭，也是『鯉躍龍門』。再看到屋頂左邊中脊的中間是『麒麟、鳳凰、牡丹』，通常我們稱為『小三王』，右邊中間是『孔雀、茶花、金獅』，我們簡稱『孔雀弄金獅』。下面的兩邊都是海裡的魚蝦螃蟹章魚等，稱為『水族』。」

「我的房間在媽祖廟對面的二樓，可是從來沒有注意過屋頂上有這麼多動物還有八仙。」大俠感到不可思議地說。

「哥，你待在房間的時間只有睡覺、打電腦，怎麼還會注意到媽祖廟屋頂上的裝飾。」鮑仔忍不住爆料。

「八仙可是從以前到現在最受喜愛的神仙團體。他們不是大家印象中正襟危坐的神仙，而是讓人覺得隨性自在、有各種不同容貌造型和個性的神仙。幾乎每間廟宇都會有八仙的裝飾，在牆壁、柱子、還是屋頂上到處可見。一般人過年過節、結婚嫁娶、新居落成，也會掛上紅色布幔，印著八仙圖案的『八仙綵』，來增添喜氣帶來祝福。」蘆葦老師開始為我們介紹八仙。

位置／屋頂明間中脊 交趾陶
題材／八仙過海 各顯神通

鍾離權，袒胸露肚、手持蒲扇、頭綰髮髻；隨身法器：蒲扇，一扇可讓人神清氣爽、起死回生；祂隨性懶散、天下第一散仙，做人做神仙不用正經八百。

呂洞賓，留著三髭鬍、頭戴華陽巾，背著純陽劍、手持拂塵；隨身法器：寶劍或拂塵，拂去煩惱、斬斷煩惱、貪瞋；做人可以是詩人、劍俠、酒仙。

李鐵拐，跛腳拄拐杖、手捧葫蘆，衣衫不整、活像乞丐；隨身法器：葫蘆，裝各種丹藥救人；從帥哥變殘障，告訴大家就連神仙也會有缺陷。

張果老，老態龍鍾、手持魚鼓、倒騎驢子；隨身法器：魚鼓，可知人間禍福；倒騎驢子，要大家凡事隨時回頭看回頭想，不要只顧著向前衝。

何仙姑，善良女性、手持荷花；隨身法器：荷花，心靈平靜、沈澱就祥和；只要潛心修道就是神仙。

曹國舅，身穿官服、腰佩玉帶、手持玉板；隨身法器：玉板，遠離塵囂、寧靜祥和；從皇親國戚變囚犯，只要懂得反省，改過自新也能成仙。

韓湘子，面貌清秀、手持玉簫；隨身法器：玉簫或笛子，淨化人心、化暴戾為祥和；自由自在就是神仙。

藍采和，身穿破舊藍衣、手持三尺歌板唱歌；隨身法器：花籃，裝奇花異果，罩住各種邪念；在人間吟唱、率性不拘小節、隨緣就是仙。在臺灣常把韓湘子或藍采和換成劉海，利澤簡媽祖廟便是如此。劉海是孩童、頭頂前面有一撮頭髮、揹著錢幣；騎著只有三足的金蟾，濟貧助人、具有招財的象徵。

這個時候松樹阿公從辦公室帶來一尊木雕，蘆葦老師趕緊叫我們過去。「這個木雕作品可是一件不可多得的寶物，一直被廟方收藏著，你們今天很幸運能夠看到。它原本是在木作賽錢箱上，賽錢箱就是廟裡的捐獻箱。這個木雕作品的題材是『劉海戲金蟾』，是當時蓋廟的木雕匠師陳銀生於一九三〇年的經典創作，只有三隻腳的金蟾張著嘴的洞口是讓信徒投錢進去。」

我們一群小孩子圍在旁邊驚呼連連，我心想連捐獻箱都這麼漂亮，可見當時蓋廟的時候可是很講究的。我們幾個開始七嘴八舌的討論，假如這個精緻的木雕捐獻箱，放在媽祖廟裡面，一定會引來很多人為了多看看它而踴躍捐款。這時我們幾個搶著，想試試把身上的零錢投到金蟾的嘴巴裡，松樹阿公開心地幫忙接錢。

劉海戲金蟾 木雕 一九三〇年 陳銀生製作

「你們常聽到的八仙過海各顯神通，這故事是描述王母娘娘生日時，在瑤池設宴款待前來祝壽的神仙。八仙在壽宴中一時高興喝太多酒，每一位都大醉了，離開瑤池回程途中經過東海時，呂洞賓玩性一來就提議大家不要乘雲過海，而是丟寶物在海上各顯神通，邊觀賞海面上的風景回家。八位仙人都丟下寶物渡海而去，誰會料到這樣的舉動驚動了東海龍宮裡的東海龍王。龍王派出太子巡海查明實情，這時候太子驚奇看到藍采和腳下散發著閃亮光芒的玉板，心想龍宮沒有看過這樣的寶物，並強行奪取玉板，也把藍采和擄回海中。其他的神仙發現藍采和不見，呂洞賓便潛入龍宮把藍采和救出，只是玉板卻被龍王佔為己有討不回來，八仙只好共同施展法術來討回玉板。先是劏除泰山填平東海，再把龍宮化為焦土，讓聚在一起的四海龍王也焦頭爛額、損傷慘重。一連串的事件驚動天庭裡的玉皇大帝，並由觀音菩薩幫忙收拾殘局，最後八仙被降級一等，東海龍王被罰了一年的薪水才收場。」

「其實八仙的形象，象徵男女老幼、富貴貧賤，文雅粗野、弱勢族群、殘疾、婦女、小孩的角色都有，可說是五花八門，十分豐富。就好像在社會上有著形形色色不同職業、階層、個性、生活方式的人，而每一個都可以在八仙中找到屬於自己的形象，只要盡力發揮所長、各顯神通、安於自己的本分，就可以活得自在像神仙一般。」

「你們看今天來的匠師，他們各自在木作、木雕、泥塑、剪粘、彩繪、泥作等的工夫都很厲害。不要小看每一種工作，他們可是花了很長時間的學習，才有今天讓人羨慕的能力。『十年磨一劍』講的就是要不斷的練習，經過無數次的失敗、改進，才有可能『鯉躍龍門』成為達人，天底下可沒有一步登天的事。」

這時發現常拌嘴的大俠跟叮咚突然變得安靜。聽完蘆葦老師說八仙各顯神通的故事，轉身看著修廟的匠師，抬頭望著媽祖廟八仙集慶、八仙過海各顯神通的作品，我腦中不停回想這段話：「每一個匠師的外表、個性都不一樣，各有各的專長，大家一起發揮所長、一起合作，才能把廟蓋好、修好。」突然間，我感到心頭暖暖的。想著我們這幾個尋寶成員，如果一樣能發揮所長、一起合作，就可以發掘更多屬於老街跟媽祖廟的寶貝。希望能透過這些寶，讓老街上所有的人一同珍惜我們一起生活的地方。

【第八回】尋找幸福

屋頂中脊背面交趾陶

轉眼間已經開學好幾天了，幫媽祖找寶貝的任務，隨著寒假已結束，但我們還是想把媽祖的虎爺找回來，找回老街的幸福。老師看了我們的尋寶日記後，問我們找完了嗎？我們告訴他還差一點點，請再給我們一點時間做最後的努力。

下週六就是元宵節，是我們利澤簡媽祖廟很重要的節慶活動，這一天將舉行熱鬧的遶境八大庄及走尪活動。整個寒假我們幾乎都在媽祖廟尋寶，大家討論後決定全程參加媽祖遶境。接連幾天無論上學、放學，我們總是聚在一起討論要用什麼特別的裝扮參加遶境。大家都希望能帶著我們找到的「蒼龍教子、福壽日增、媽祖馭鳳凰、八仙過海、劉海戲金蟾、勞農兄弟團結」這些寶貝出場遶境。到底該帶哪一個比較好呢？每個人各有喜好，讓大家都傷透了腦筋，最後透過討論和舉手表決後，為了凸顯虎爺不見了，我們尋寶隊決定裝扮成老虎，希望利澤簡的大人一起參與把虎爺、老街的幸福找回來。

為了讓更多人知道我們「找回虎爺，找回老街幸福」的目的與用心，我們希望一起拉著眾人期待的媽祖神轎，全程用走的參與遶境。我們向松樹阿公提出這樣的願望，松樹阿公很怕我們走不完，要我們坐在小貨車上參加遶境就好。在拜託了好久、費了一番唇舌，再加上鮘仔的撒嬌、還有叮咚就讀高中的哥哥和幾個同學會來幫忙的保證下，他才放心讓我們負責拉媽祖神轎。

元宵節這天一早還沒六點，我們都準時出現在大俠家，每個人也都穿上蘆葦老師贊助的「媽祖馭鳳凰」T恤。土豆仁用彩繪顏料幫大家畫上了虎臉，後腰別上叮咚用鐵絲、棉花、老虎花紋布縫的「老虎尾巴」。大俠神氣地揹著不知從那裡來的虎頭包包，胸前別著「找回虎爺，找回老街幸福」

的黃色布條。大家都信心滿滿、萬物皆備，興奮地整裝準備出發。

為了參加一年一度的媽祖元宵八大庄遶境，附近村落的神轎、大神尪及陣頭樂隊，早就依照預排的順序在集合位置就位，長長的隊伍從街尾一路排到媽祖廟後面的巷子。早上八點一到，負責開路先鋒的土地公神轎車，從媽祖廟前出發，排在後面各村落的神轎車，按照著順序一一通過媽祖廟前面。松樹阿公主委和附近村落參加遶境廟宇的主委們，都站在媽祖廟前方和通過的隊伍一一揮手示意。我們的媽祖神轎手拉車排在最後面，過了好久才終於輪到我們出發，但此時大俠突然不見了，到處都找不到他！當我們經過媽祖廟時，才發現廟前一排揮手的主委裡面，最顯眼的竟是背著虎頭包包、胸前別著「找回虎爺 找回老街幸福」的大俠，他看到我們之後趕緊跑過來加入隊伍。他說他從一開始就站在媽祖廟前和所有的遶境隊伍揮手，好讓所有的人都看見，也順便做廣告。他驕傲地說這個任務可是非常重要。我們佩服他的創意，也真的很感謝他的用心良苦。

遶境的隊伍浩浩蕩蕩的從利澤簡老街出發，路徑先是沿著利澤往成興的利成路往南走，經過下福、成興、區界、猴猴、龍德等地方，再往西遶進隆恩，往東到頂寮、埤仔尾。中午遶境隊伍及媽祖神轎會停留在利澤工業區的寶斗厝用餐，稍作休息之後，隊伍繼續往北進入佛祖廟、加禮宛、清水等地方，然後再往南進入社尾、新店等村落，最後回到利澤簡老街。

住在遶境路徑上的居民會在騎樓下擺供桌，擺上茶水、供品及插著香的香爐，來恭迎遶境的神明。我發現當遶境車隊經過時，居民們都會拿著香，向不同村落參與遶境的神明拜拜祈求平安，只是遶境隊伍的神明大多放在貨車上的神轎裡，而貨車上的神明被前面的駕駛座擋住，居民無法看清楚是那個神明從面前經過，一路上都會聽到路邊的阿公阿媽，問著旁邊的家人、鄰居，車上是那個廟、那個神明。

我們的媽祖神轎在遶境隊伍的最後面。大俠負責在前頭拉著媽祖神轎，土豆仁跟我在左右邊推拉著。因為手拉車不高，媽祖在神轎裡面便和人一般高，因此所有的人都可以近距離看到媽祖神像。很多阿媽看到媽祖端坐在神轎裡，就會來到神轎面前，拿著清香向媽祖恭敬地敬拜。鮕仔跟叮咚在媽祖神轎兩旁和居民互換手上的線香。不過他們換香的技巧不夠熟練、又怕被香燙到，好幾次遇到人多的路口，他們就遠遠地落後在媽祖神轎後面。幾次之後，只要看到前面人多，他們就趕快往前跑，提前與迎接媽祖的人潮換香。

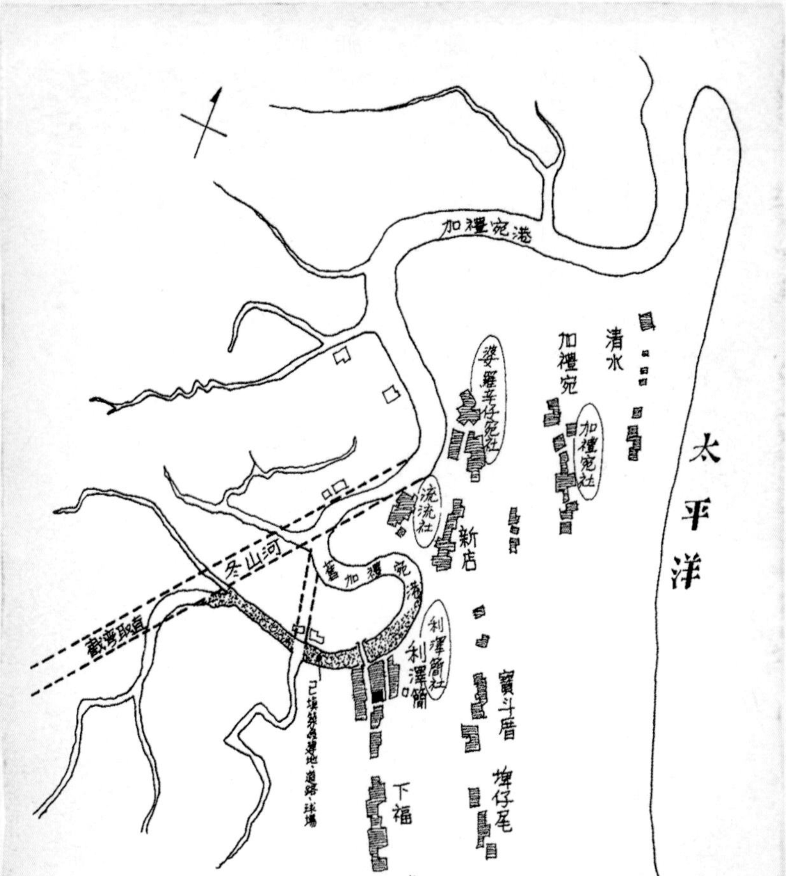

〈冬山河與利澤簡手繪圖〉陳虞弘 繪

大家誠心地等待、迎接媽祖、恭敬虔誠地向媽祖敬拜，我感覺媽祖在神轎裡，似乎比在廟裡面高高神龕上時更容易親近。一年一度的元宵遶境，讓所有人可以當面感謝媽祖過去一年的保佑，也祈求今年能順利。元宵節的遶境八大庄，讓我想起阿媽曾說習俗上，每到年初就會向神明拜拜「許平安」、年底則會向神明拜拜「謝平安」的儀式。而媽祖遶境就好像媽祖到每個村落看看大家，大家也藉此機會當面向媽祖「許平安」與「謝平安」。

很擔心我們走不完的松樹阿公，突然騎著機車出現在我們面前問我們是否還走得動。我們異口同聲回答說沒問題。其實用走的遶境一點也不感覺累，速度慢反而讓大家看到了平常不會注意到的風景：利澤簡附近幾個村落中的老屋、廟宇、菜園；環面四周的翠綠山景、頭頂上透著光的白雲，整片投射在休耕中裝滿水的廣闊水田中。

我們意外地還發現蜿蜒水圳內緩緩流動的溪水、一區又一區的沙地、魚塭，以及海濱旁高凸起伏的沙丘林帶。在初春微微涼風與暖陽下，我與奮的張著大眼，和其他人像挖寶似地找尋之前不曾發現的處處小驚喜。家鄉的美，原來離我們這麼近，卻又因為不曾細細觀察而離我們這麼遠。這一刻，我們真的感覺到前所未有的幸福、滿足又感動。我和大家約定，之後一定要再騎腳踏車到不同村落繞繞。

遶境的路上遇到了好多同學，我們都很開心地相互揮手打招呼。同學和他們的家人都很虔誠，全都興奮且耐心地等待媽祖遶境隊伍的到來。這次參加遶境才知道同學的家住在那個村落裡。好幾個同學一看到我們負責拉著媽祖神轎，也興奮地跟加入我們一起遶境，每經過一個村落就會有其他的同學加入，越靠近老街我們的人數越多越壯觀。

到了下午四點多，老街上的兩旁已擠滿人潮，媽祖廟前更是站滿攝影愛好者，而遶境隊伍也依序回到老街上。遶境了整天，每一個宮廟的陣頭、大神尪來到媽祖廟前，更是在最後賣力展現最精采的表演，為遶境劃下完美的句點。我們一群人推拉著媽祖神轎手拉車，最後要經過媽祖廟時，一群攝影師忽然蜂擁而來。相機在我們面前不停喀嚓喀嚓地按，一時間我們全都傻住，被夾在中間動彈不得。此時松樹阿公趕過來開路，讓我們跟媽祖神轎通過。我們雖然有點累但是更多的是興奮，魩仔圍著我們蹦蹦跳跳。原來我們的彩繪虎臉、虎尾巴還有大俠的虎頭包引起眾人的注意，大俠驕傲的拿著虎頭跟叮咚擊掌歡呼。

在我們興奮地完成遶境後，大會廣播大家最期待的走尪活動即將登場，我們當然也不想錯過。參加走尪的神轎隊伍在南邊的派出所前馬路上集合，大家開始在每一頂參加走尪的神轎左右兩側牢牢穿綁上長長的木棍，主要的作用是讓十幾個人可以齊力扛抬著神轎在老街上來回跑。

不過此時我們也看到一些參加遶境的隊伍，沒有參加走尪就開著貨車載神明準備離開。我們問了坤成廟公，他說：「並不是所有參加遶境的廟都會留下來參加走尪活動。一方面他們覺得遶境時間很長，而走尪活動又太晚開始，如果參加走尪活動後回到村落裡的廟，再進行一些儀式讓神明進廟，時間會拖太晚，因此就不參加了。」

聽坤成廟公這樣說，我其實有點納悶，想起阿公曾經問過我，知不知道為什麼別的媽祖廟，多在農曆三月二十三日媽祖生日時舉行遶境慶祝活動，而利澤簡媽祖廟卻是在農曆正月十五日元宵節遶境慶祝？阿公說他在一個偶然的機會，翻到一本專門介紹媽祖的書，才知道原來利澤簡媽祖廟保留的，可是古時候的「媽祖元宵」民俗。以前從「媽祖祖廟」

分靈出去的媽祖廟，為了與祖廟區別，因次選在元宵節這天慶祝，而到了媽祖生日時，分靈出去的媽祖會再回到祖廟一起慶生。「媽祖元宵」這天傳統上除了有遶境祈福、準備白花紅花讓求子的人帶回家之外，由於元宵這天是傳統燈節，因此還會結合賞燈、猜燈謎等活動，讓熱鬧的活動一直持續到晚上才結束。而在農曆過年正月初四到正月十三日這段時間裡，利澤簡附近村落的宮廟會來利澤簡永安宮「請媽祖」到他們的村落裡，一起和村落裡宮廟的神明在村落裡遶境「鬧熱」。到了正月十五日元宵節，換成附近所有村落廟宇的神明與居民來參加利澤簡永安宮媽祖遶境活動。

我心想利澤簡媽祖廟現在在元宵節有遶境、走尪，如果再加上古時候媽祖元宵準備鮮花讓想求子的人帶回家的特殊習俗、以及賞燈、猜燈謎等有趣的活動，當天活動就能從早上持續到月圓高掛的晚上，那該有多美好。

這時參加的神轎隊伍仔細檢查穿綁的轎棍，十幾個人一起扛起神轎練跑，準備等一下的走尪。鮎仔突然疑惑地問大家：「為什麼走尪活動旗子上，寫的是『走』尪不是『跑』尪？到底是抬著神轎用『走』還是用『跑』？」被她這麼一問大家的好奇心都被勾起了。

這時蘆葦老師突然出現在我們旁邊。「鮎仔，這是個好問題。你們看我的動作一邊走、一邊跑，你們用閩南語念念看『行』、『走』。『走』的閩南語讀音是『行』、『跑』的閩南語讀音是『走』。這讓我困惑很久，直到有一年看走尪活動時突然靈光一現，回去翻了字典佐證，才明白古人用『行』字表示『移動左右雙腳，在路上行走或小跑行走』，而『走』字則是表示『擺動雙臂奮力奔跑』的意思，你們回去翻翻字典就知道。」

蘆葦老師是看熱鬧看出了門道，原來是要用閩南語講「走尫」，才能符合人們抬著神轎賽跑的原意，也更能抓住動作之間的韻味。

媽祖廟那頭傳來走尫即將開始的廣播聲，媽祖廟前的金火堆也熊熊地燃燒著。抬著神轎的隊伍試著走尫一趟，前往街頭的利生醫院準備。不同村落宮廟由十幾個人組成抬著神轎的走尫隊伍，在敲鑼聲的帶領下，用吆喝聲、小跑步的方式，一一跨過金火堆通過媽祖廟前。看著十幾個人抬神轎跨過金火的畫面真的很令人震撼又興奮。在走尫隊伍跨過三次金火堆後，整個「走尫」的儀式活動便真正結束。媽祖廟的神轎最後在廟前，先是前進兩次、後退兩次，第三次便直接往中間的廟門衝進去。當看到神轎要接近廟門時，在旁邊的我們都捏了把冷汗，擔心神轎會撞到門框進不去，神奇的是神轎分毫不差的進到廟裡面，讓出門遶境一天的媽祖與眾

利澤簡永安宮　走尪

神，順利下轎放回神龕上。

精采的媽祖遶境及走尪活動，在最後老街走尪與媽祖神轎進廟後圓滿結束。我們幾個整天走下來，在活動結束後雙腳才突然感覺到痠了起來，懶懶的都不想動。坐在廟前的階梯上，看著漸漸散去的人群，鵝黃色的滿月也已緩緩升起，我們雖然身體疲憊，但回想起這些日子以來，大家一起幫媽祖找寶貝的有趣過程，許多故事以及奇特的寶貝，又再次鮮活地浮現在腦海。

我們一起分享著今天遶境發現的許多美景：有著水鳥聚集的五十二甲溼地、每逢遇大雨就會被雨水淹沒、卻另有一番風景的農田；蜿蜒的五股圳、冬山河、河口；利澤海邊、魚塭、種了許多土豆、菜頭、黑豆的沙地；利澤簡老街、流流社以及永安宮、利生醫院、廣惠宮這三個古蹟；傳藝中心、親水公園、一條條美麗又平整適合騎腳踏車的單車道⋯⋯。有這麼多享受不盡的自然與人文風景，真心覺得住在這裡好幸福，也不難理解到，當時噶瑪蘭族將這個從過去到現在適合各種動植物居住的地方，取名為「利澤簡」，語意「休息的地方」的原因了。

我和大家分享了心中的想法，其他人彷彿也有所體會，都心有靈犀的點著頭。大俠摸著他的虎頭背包，深深的吸一口氣，緩緩地說：「我終於明白了。虎爺其實一直都在，老街的幸福也一直都在。虎爺神像只是一個形體，我們擁有這麼多的幸福，其實更應該與別人一起分享。」

這趟寒假的尋寶旅程發生了很多趣事，讓我們這群一起尋寶的夥伴有了更深的感情。我們約定要常常騎著腳踏車，到附近的海邊、河濱、溼地和村落裡，一起守護讓我們感受到幸福的寶貝，也希望所有人和我們一樣珍惜這裡的美好。

二〇一二年農曆正月十五
利澤簡永安宮媽祖元宵遶境八大庄

【最終回】

寶典

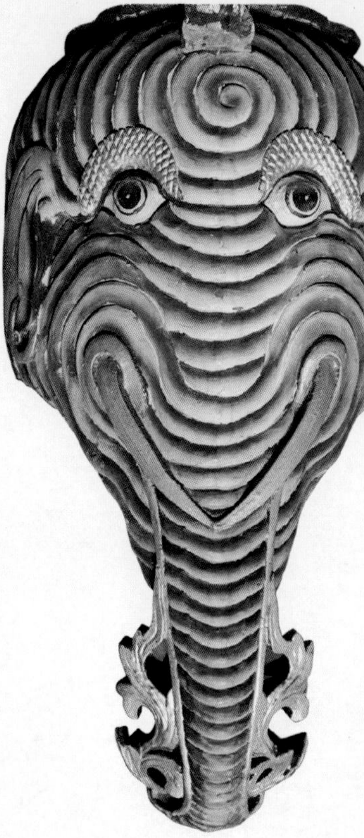

殿內　大木棟架　象鼻瓜筒

步口廊木棟架

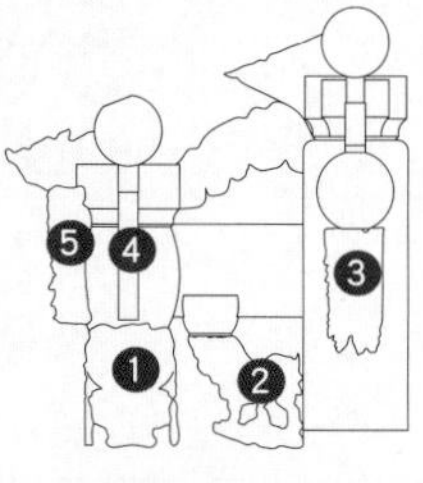

❶
名稱：吊筒、吊籃
題材：瓔珠花籃

❷
名稱：丁頭栱
題材：呈祥獻瑞

❸ 名稱：托木、插角

題材：鳳凰。鳳凰為百鳥之王，雄為鳳，雌為凰；傳說只有在天下太平安寧之時才會出現。

❹ 名稱：托木、插角

題材：牡丹卷草，寓富貴萬代。

❺ 名稱：左棟架豎材

題材：比箭定親

出自清代女作家陳瑞生《再生緣》作品『比箭定親』，拿弓箭者為孟麗君。

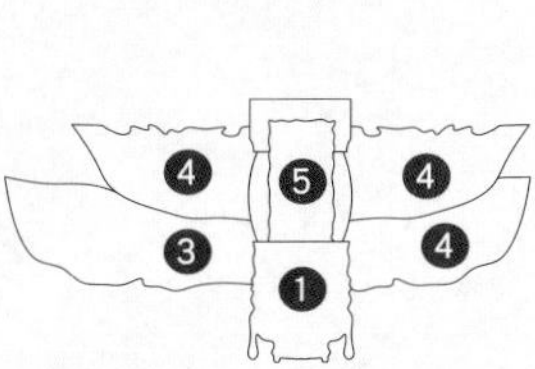

❺ 名稱：右棟架豎材

題材：出自《再生緣》『比箭定親』，表現蘇映雪戲弄她不喜歡的求婚者之故事情節。

步口廊左木棟架

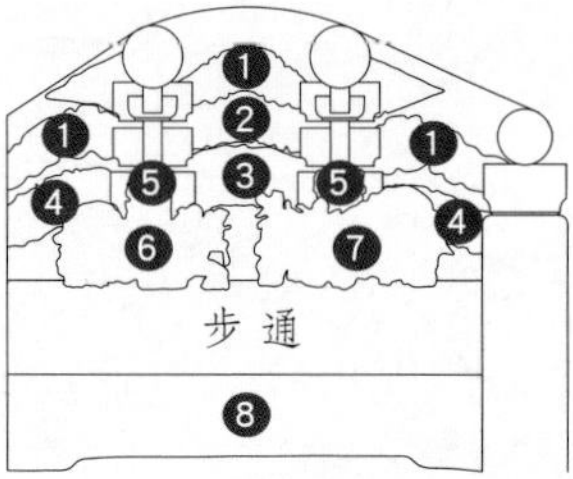

❶名稱：肥束
題材：卷草，寓意綿延不絕。

❷名稱：束隨
題材：獅戲繡球

❸名稱：看隨
題材：鍾離權、曹國舅、李鐵拐。

❹名稱：看隨
題材：得祿，竹與鹿之閩南語諧音。

❺名稱：副栱
題材：飛天，據載佛陀說法時，飛天以護法形象於空中散花祝願，以示對佛行善之禮讚。

❻名稱：獅座
題材：獅座上童子騎小獅拿繡球，另一童子手握短劍，獅子滾繡球，表示喜慶吉祥歡樂。

❼名稱：象座
題材：象座上童子騎小象，另一童子背葫蘆、持球，象徵福氣。

❽名稱：員光、通隨
題材：《封神演義》第五十三回『鄧九公奉敕西征』，黃飛虎騎神牛大戰鄧九公，鄧秀縱馬衝來，黃天化催玉麒麟截戰。

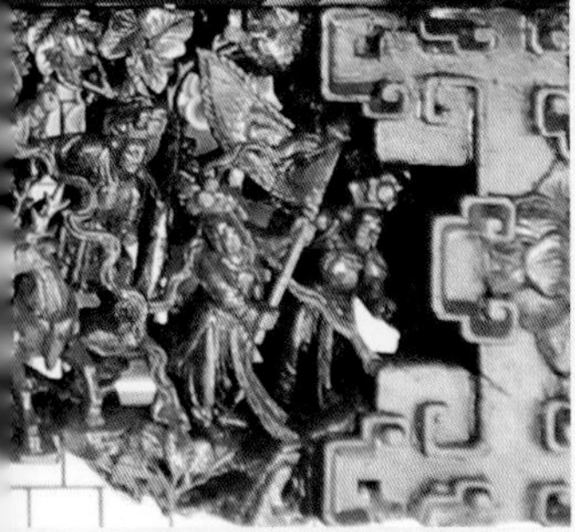

步口廊右木棟架

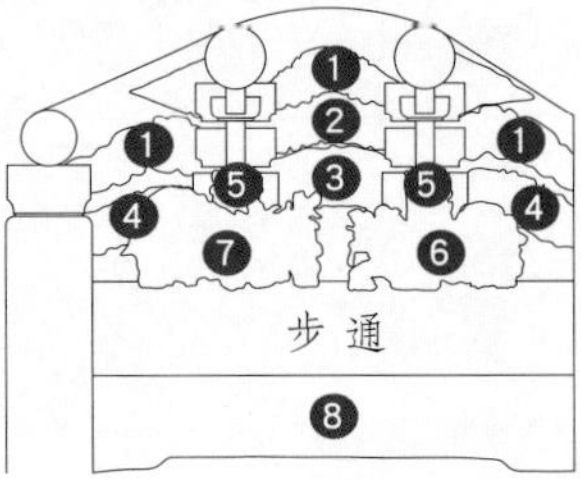

❶名稱：肥束
題材：卷草，寓意綿延不絕。

❷名稱：束隨
題材：獅戲繡球

❸名稱：看隨
題材：劉海、呂洞賓、何仙姑。

❹名稱：看隨
題材：得祿，竹與鹿之閩南語諧音。

❺名稱：副栱
題材：飛天，據載佛陀說法時，飛天以護法形象於空中散花祝願，以示對佛行善之禮讚。

❻名稱：獅座
題材：獅座上童子騎小獅、拿繡球，另一童子手握綬帶；象徵長壽。

❼名稱：象座
題材：象座上童子騎小象，另一童子背印、持磬牌；象徵吉慶。

❽名稱：員光、通隨
題材：《封神演義》第三十四回『飛虎歸周見子牙』，中間為哪吒，左邊騎牛是黃飛虎、黃明父子，右為朝歌軍隊。

殿內大木棟架

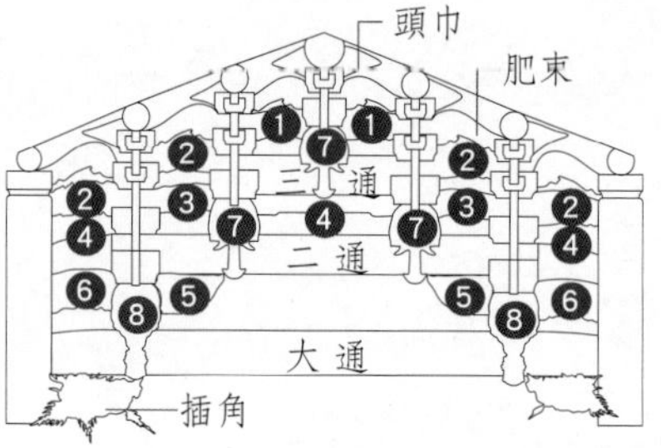

❶名稱：束隨
題材：螭虎、蝙蝠、卷草；福氣綿延不絕。

❷名稱：束隨
題材：龍花拐子，蔓草添附龍頭，祥瑞長久不斷之寓。

❸名稱：看隨
題材：螭虎卷草；福氣綿延不絕。

❹名稱：通隨
題材：牡丹配以蔓草，象徵富貴綿延不絕、富貴萬代。

❺名稱：托木插角
題材：牡丹卷草，象徵富貴萬代。

❻名稱：束隨
題材：梅花搭配喜鵲，喜上眉梢。

❼名稱：趖瓜筒
題材：金瓜、如意雲頭，金瓜多種子，象徵多子多孫、幸福如意。

❽名稱：象鼻瓜筒
題材：象為吉祥瑞獸，被視為天下太平的象徵，寓意「太平有象」。

↑名稱：托木、插角
題材：鰲魚，龍首魚尾，傳說可以避火災；另有獨佔鰲頭之意。

↓名稱：托木、插角
題材：飛鳳，上方添加人物故事。出自《封神演義》第五十三回『三姑計擺黃河陣』，姜子牙揚起打神鞭，正中雲霄，碧霄、瓊霄兩仙子發箭衝殺。

↑名稱：托木、插角
題材：龍為四靈之首，傳說中祥瑞之神獸。本幅龍尾藉著惹草化來增添豐富性，加深祈求平安、豐收之寓意。

↓名稱：托木、插角
題材：飛鳳，上方添加人物故事。出自《封神演義》第八十回『楊任大破瘟皇陣』，楊戩用哮天犬，哪吒用乾坤圈，將呂岳及陳庚困在核心。

牌樓面左堵

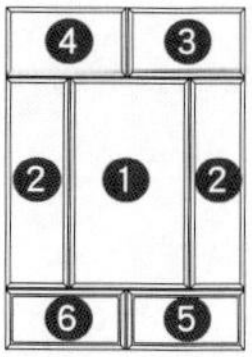

❶名稱：格心

題材：八仙集慶，八仙持法器立於雲端。曹國舅持玉板，呂洞賓持拂塵揹寶劍，劉海持銅錢，何仙姑持蓮花。

❷名稱：餘塞板

題材：春牡丹、夏荷花。瓶和平同音，代表平安；以諧音借喻，瓶中插四季花，象徵季節，亦有四季平安之意。

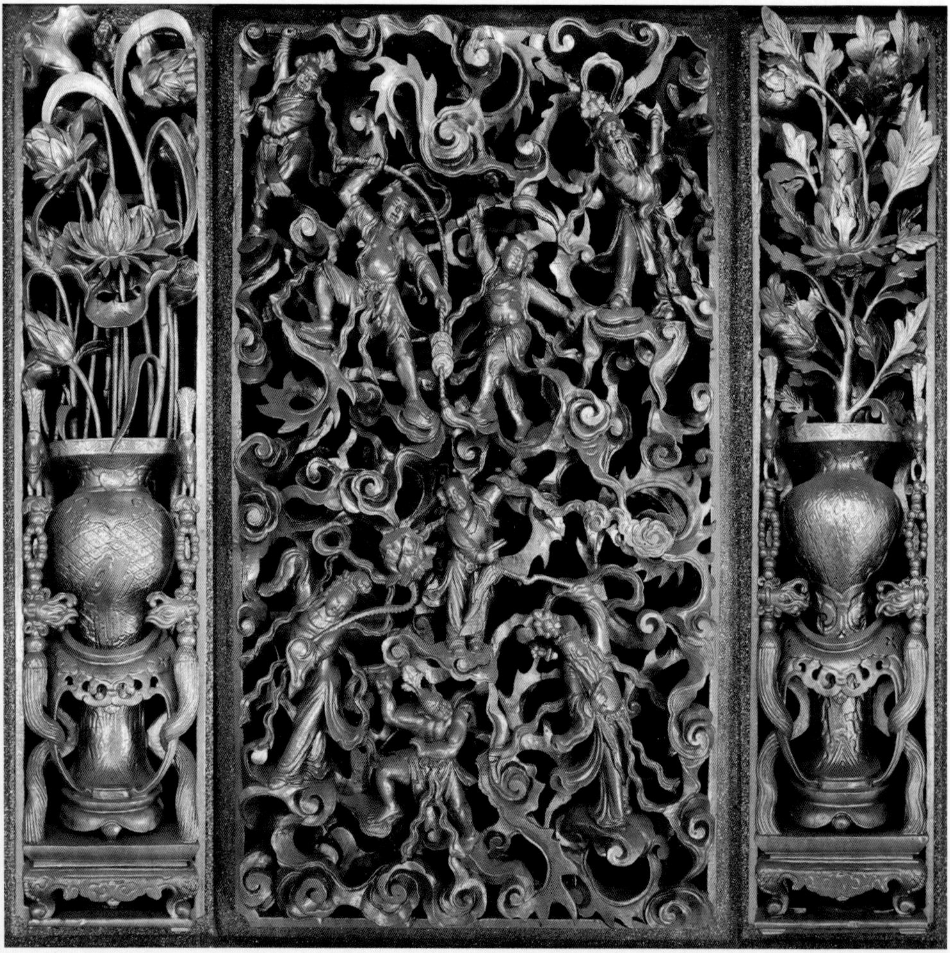

❸ 名稱：頂板
題材：出自《封神演義》第三十一回『聞太師驅兵追擊』片段，圖中為黃飛虎騎神牛與臨潼守將張鳳交戰。

❹ 名稱：頂板
題材：出自《三國演義》第二十七回『美髯公千里走單騎，漢壽侯五關斬六將』，孟坦拿雙刀與關公交戰。

❺ 名稱：絛環板
題材：出自《封神演義》第九十二回『楊戩、哪吒收七怪』片段，圖中為楊戩正在收服羊精袁洪。

❻ 名稱：絛環板
題材：出自《封神演義》第四十八回『陸壓獻計射公明』，燃燈道人騎鹿，姜子牙騎四不像，正要喚方相破落魄陣。

牌樓面右堵

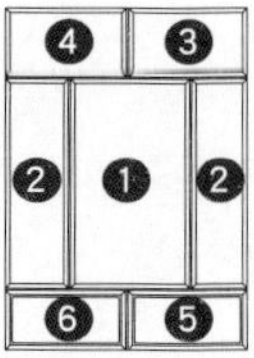

❶名稱：格心

題材：八仙集慶，八仙持法器立於雲端。李鐵拐拄拐杖，韓湘子持玉蕭，鍾離權持蒲扇，張果老持魚鼓。

❷名稱：餘塞板

題材：秋菊冬梅，瓶和平同音，以諧音借喻代表平安，瓶中插四季花象徵季節，亦有四季平安之意。

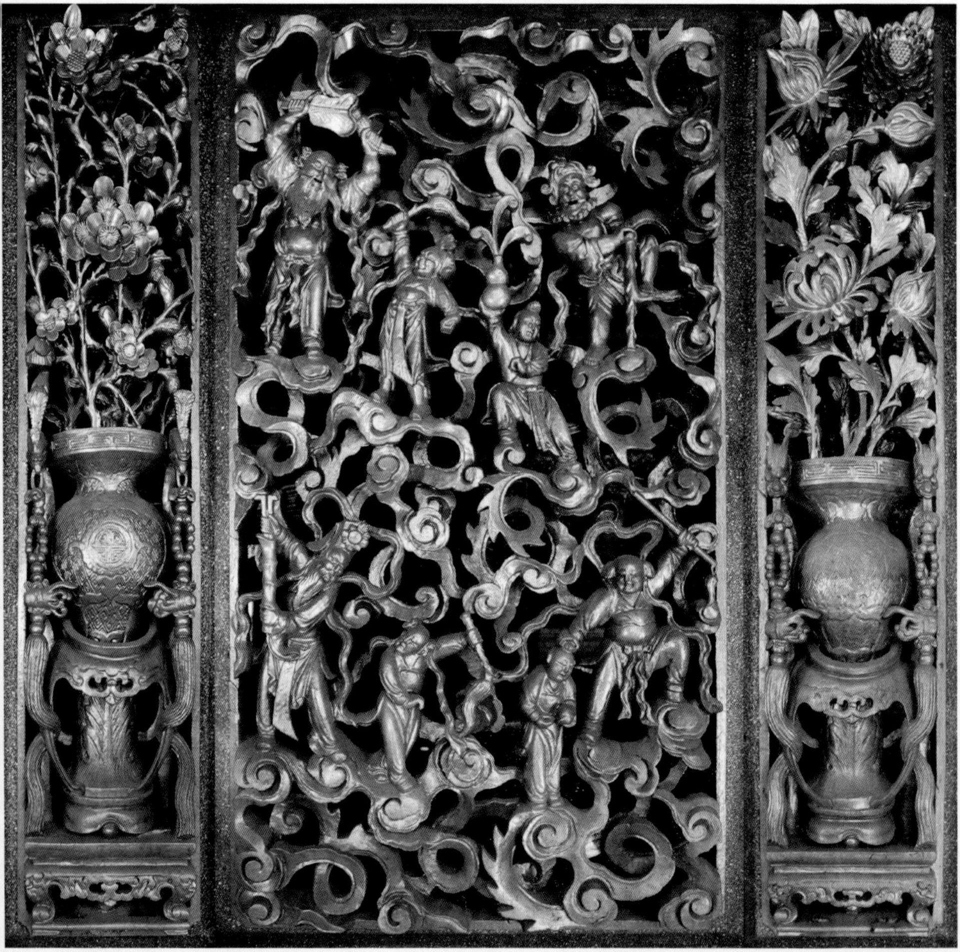

❸名稱：頂板

題材：出自《三國演義》第四十二回『張翼德大鬧長坂橋，劉豫州敗走漢津口』，騎馬挺矛者為張飛，左邊倉皇逃跑者為曹操。

❹名稱：頂板

題材：出自《三國演義》第七十六回『徐公明大戰沔水，關雲長敗走麥城』，拿大刀者為關公，蔣欽勒馬挺鎗，雙方交戰。

❺名稱：縧環板

題材：《三國演義》第三十五回『玄德南漳逢隱淪，單福新野遇英主』，趙雲挺鎗將呂曠刺於馬下，關公提刀衝殺出陣。

❻名稱：縧環板

題材：出自《封神演義》第三十一回『聞太師驅兵追擊』，黃明、周紀正與陳桐交戰。

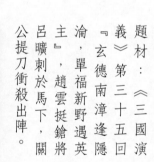

步口廊牌樓面

↓ ↙

名稱：門印

題材：龍首、鯉魚出水。傳說鯉魚登龍門，即可幻化為龍。廟的左右次間以鯉魚為門印，明間以龍首為門印，即源自於魚躍龍門之說。

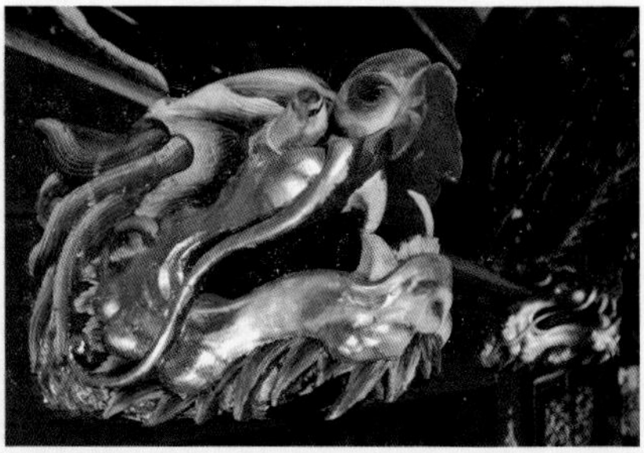

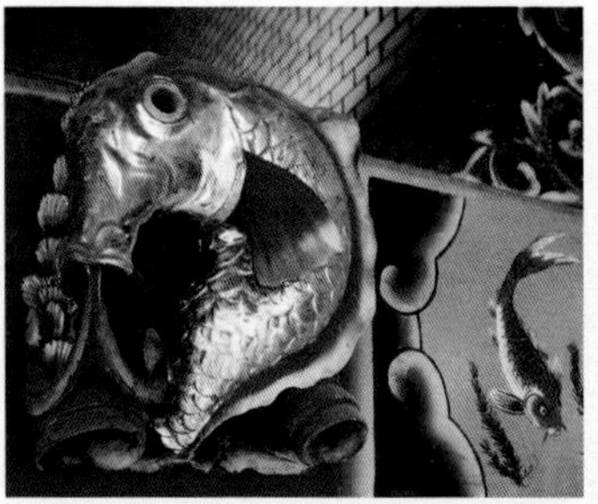

↑

名稱：花柴

題材：牡丹卷草，象徵富貴綿延不斷。

↑

名稱：花柴

題材：茶花卷草。茶花開於冬、春之際，因而被喻為春光，搭配卷草有春意無限之意。

← 名稱：餘塞板
題材：牡丹卷草，寓富貴萬代。牡丹為百花之王，亦為花之富貴者也；於唐朝時深受世人的喜愛，被喻為國色天香或花開富貴，俗稱「唐草」。

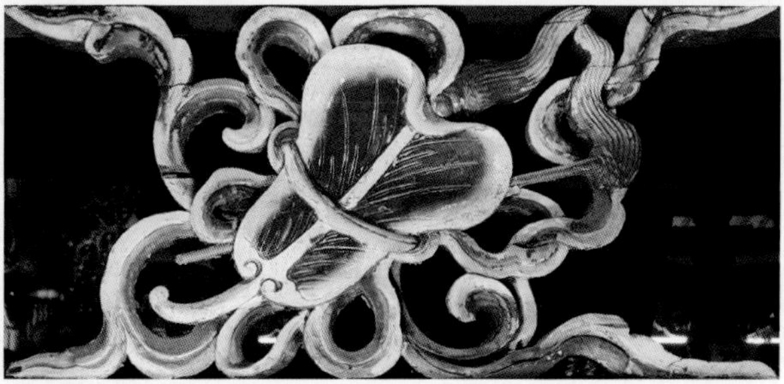

↑上
名稱：花柴
題材：葫蘆纏以綬帶，象徵福壽萬代，有避邪之意。

↑下
名稱：花柴
題材：蕉扇纏以綬帶，蕉有「招」之意，象徵招來吉祥福氣。

彩繪

位置：牌樓面

名稱：左次間門神

題材：太監門神，採一老一少配對，手中分別持劍及印，與祈求升官發財相關。

名稱：明間門神

題材：秦叔寶畫成白臉、黑鬚，形象斯文；尉遲恭則為

黑臉或棕臉，橫眉怒目、怪眼圓睜。為台灣民間最常使用於明間之門神。

名稱：右次間門神

題材：宮女門神（簪花進爵）。此類門神手中常添畫吉祥物，以諧音借喻的方式，有祈求吉利之意。

神龕

名稱：左次間板壁

題材：麒麟，四靈之一。相傳其形象為：首似狼，尾似牛，有角一根，足呈馬形。

名稱：明間神龕

題材：木隔屏中間上方為透雕花罩，花罩上層七格，中間為人物，兩側為花鳥、動物之透雕，左右兩旁則為龍紋、博古等透雕；花罩中央留空，下方為實木裙板。

神龕兩側為隔扇門，由上而下：頂板及格心為透雕人物；腰板為花鳥透雕；裙板則為實木裙板，左裙板彩繪南極仙人手捧壽桃，右裙板彩繪東方仙人手握桃枝懸壽桃，皆為壽的表現。

名稱：右次間板壁
題材：鳳凰啣牡丹，鳳為百鳥之長，牡丹為百花之王，兩者皆有祥瑞之兆。

石雕

名稱：石獅

位置：步口廊

題材：公獅踩球懸磬，磬牌上書有「昭和戊辰年 仲冬之月」；基座正面雕「葫蘆」集瑞器物，兩側雕花鳥。母獅帶小獅，基座正面雕「印」集瑞器物，兩側雕花鳥。

名稱：步口廊柱珠
題材：蓮瓣型

名稱：牌樓面柱珠
題材：集瑞器物

名稱：殿內柱珠
題材：柿蒂紋，寓意地盤穩固。

名稱：殿內柱珠
題材：蓮瓣型。

名稱：左次間石枕
題材：富貴長壽，牡丹配以雀鳥、壽石圖。

名稱：左次間石枕
題材：春光長壽，山茶花配以雀鳥、壽石圖。

名稱：右次間石枕
題材：喜上梅梢，梅花配以雀鳥、壽石圖。

名稱：右次間石枕
題材：永世吉祥，梅花配以壽石上的雀鳥圖。

泥塑 交趾陶

位置：步口廊左牆
名稱：燦景
題材：忠，孔明進表。

位置：步口廊左牆
名稱：水車堵
題材：出自《隋唐演義》，表現宇文成都和李元霸於晉陽宮比武之景；為新店集安堂敬獻。

位置：步口廊右牆
名稱：燦景
題材：孝，狄仁傑思親。

位置：步口廊右牆
名稱：水車堵
題材：出自《五虎平西》，表現狄青和王天化於殿前比武之景；為下福新義堂敬獻。

泥塑 剪黏 交趾陶

位置：屋頂正面明間

【脊頂】

福祿壽三仙、雲龍。

【西施脊】

虎、豹、獅、象、

麒麟五神獸。

【脊堵】

由右至左，劉海、張果老、

呂洞賓、李鐵拐、鍾離權、

曹國舅、何仙姑、韓湘子，

八仙過海、各顯神通。

【含領堵】

水族，海浪、魚群。

位置：屋頂背面明間

【脊頂】

福祿壽三仙、雲龍。

【西施脊】

佛手柑、壽桃、木瓜、石榴、楊桃等吉果。

【脊堵】

戲劇人物及座騎。

【含領堵】

水族，魚群、海浪。

泥塑 剪黏 交趾陶

位置：屋頂正面左次間

【脊頂】

龍吐水草、鯉魚出水，

寓意鯉躍龍門。

【脊堵】

麒麟、鳳凰、牡丹，

簡稱小三王。

【含領堵】

水族，魚、蝦、螃蟹、

章魚、海浪。

位置：屋頂背面右次間

【脊頂】

龍吐水草、鯉魚出水，

寓意鯉躍龍門。

【脊堵】

孔雀、茶花、金獅，

一般簡稱孔雀弄金獅。

【含領堵】

水族，魚、蝦、螃蟹、

章魚、海浪。

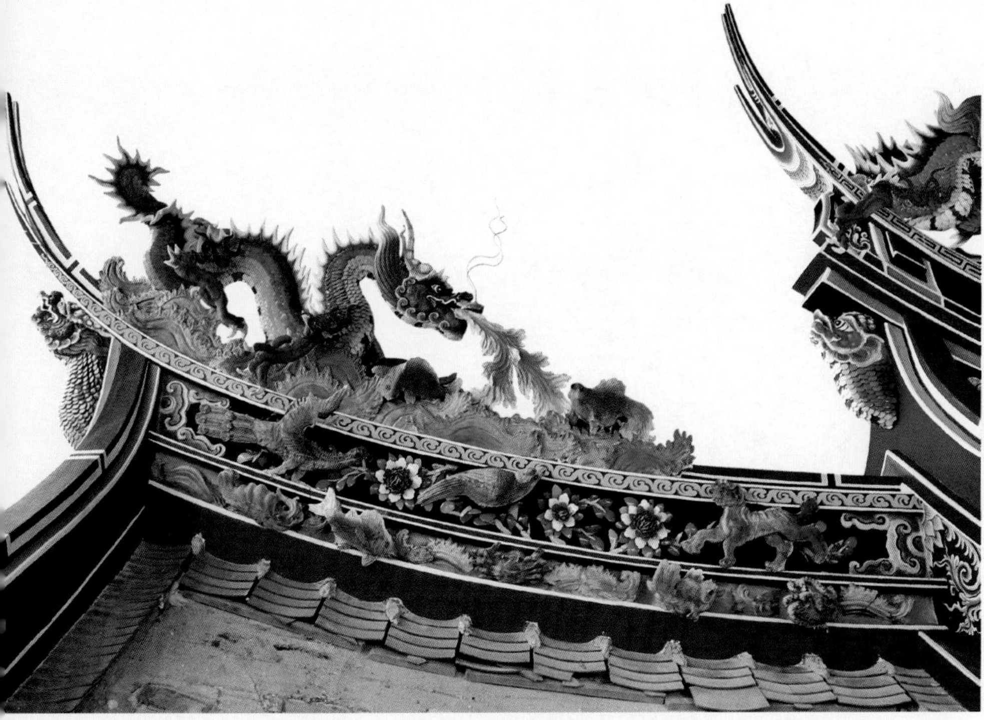

泥塑 剪黏 交趾陶

名稱：排頭

(1)位置：屋頂正立面中脊左規帶前

題材：出自《隋唐演義》之『安史之役』，表現郭子儀與安祿山交戰之況。

(2)位置：屋頂正立面中脊右規帶前

題材：出自《三國演義》第五回『發矯詔諸鎮應曹公，破關兵三英戰呂布』，表現劉備、關公、張飛三人於虎牢關與呂布交戰之況。

(1)

(2)

名稱：排頭

(3)位置：屋頂正立面左次脊左規帶前

題材：出自《三國演義》第七十四回『龐令明抬櫬決死戰，關雲長放水淹七軍』，表現關公於罾口川放水淹七軍之景。

(4)位置：屋頂正立面右次脊右規帶前

題材：出自《三國演義》第六十三回『諸葛亮痛哭龐統，張翼德義釋嚴顏』，表現張飛於巴郡義釋太守嚴顏之景。

(3)

(4)

名稱：排頭

(5)位置：屋頂背立面頂中脊左規帶前

題材：出自《隋唐演義》，表現秦瓊和羅成比武之景。

(6)位置：屋頂背立面中脊右規帶前

題材：出自《薛丁山征西》，表現薛丁山和樊梨花於樊江關比武之景。

(5)

(6)

名稱：排頭

(7)位置：屋頂背立面左次脊左規帶前

題材：出自《三國演義》第五十九回『許諸裸衣鬥馬超，曹操抹書問韓遂』，表現渭水河畔許褚裸身與馬超相戰之景。

(8)位置：屋頂背立面右次脊右規帶前

題材：出自戲曲故事《鎮潭洲》，表現岳飛與楊再興交戰之景。

(7)

(8)

利澤簡永安宮圖面

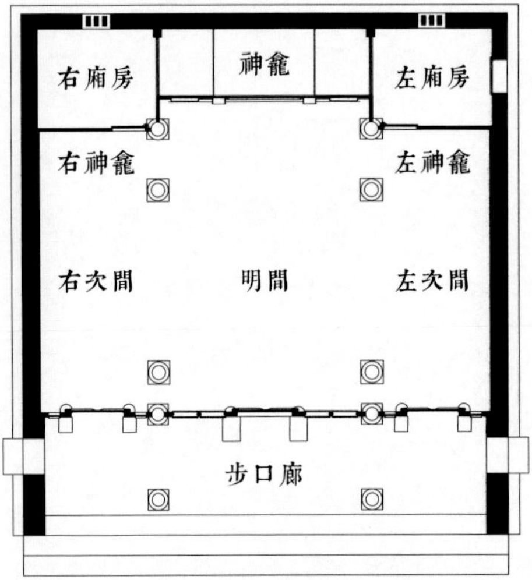

平面圖

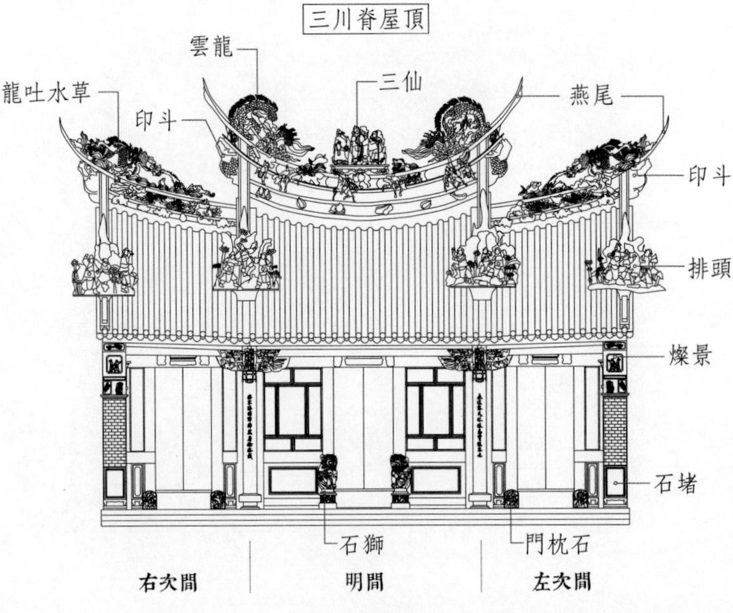

正立面圖

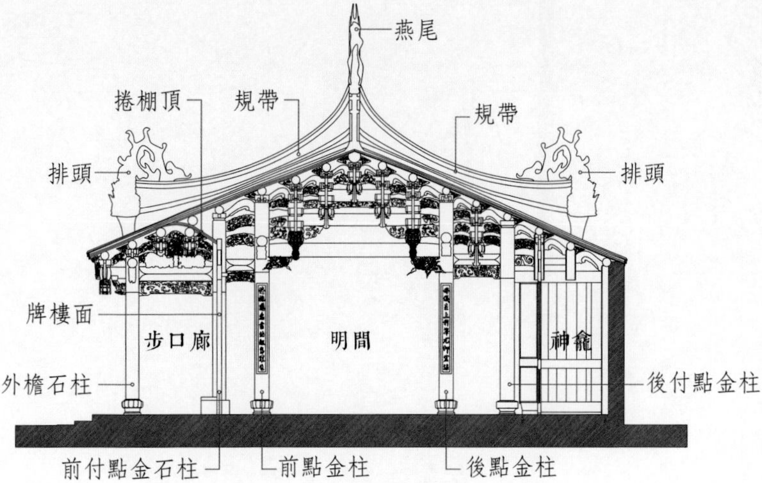

右大木棟架立面圖

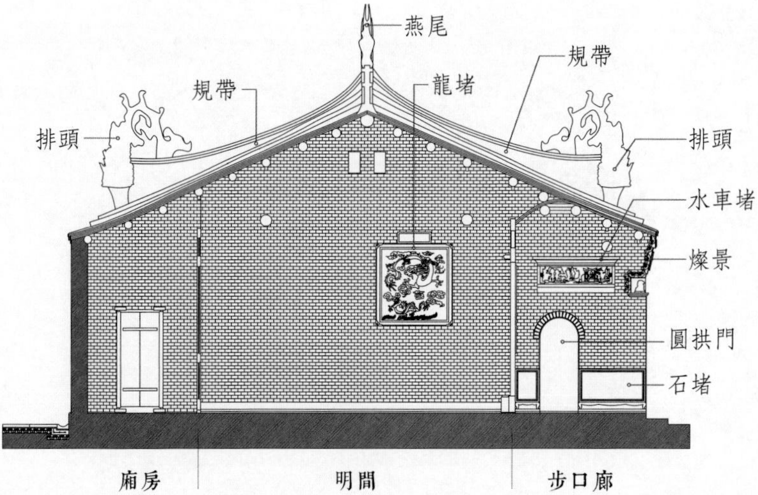

左內牆立面圖

【附錄】

殿內明間木雕香爐 一九二八年

附錄文字摘自《縣定古蹟利澤簡永安宮調查研究》
《宜蘭縣定古蹟利澤簡永安宮修復工程工作報告書》

【利澤簡永安宮 簡介】

宜蘭縣定古蹟利澤簡永安宮，位於宜蘭縣五結鄉利澤簡老街上。利澤簡老街北側為清治及日治前期加禮宛港（冬山河舊稱），擔負著羅東、五結、冬山、蘇澳、三星等蘭陽溪以南地區對外貿易運輸的功能，利澤簡老街因加禮宛港內港渡口之「利澤簡渡」而形成。永安宮主祀「天上聖母 媽祖」，是冬山河與新城溪之間，五結鄉利澤、季新、成興等三村，以及蘇澳鎮龍德、頂寮里，兩鄉鎮五村里居民之信仰中心。

利澤簡永安宮於清道光六年（一八二六）創建，清咸豐年間（一八六〇年代）進行第二次改建，到了日本昭和三年（一九二八）進行第三次重建。單殿、面寬三開間、進深十六架、前後五柱、二扇木構造、左右紅磚疊砌山牆，為現存利澤簡永安宮建築本體之基本架構。

永安宮因為保存一九二八年重建後之大木構架、木雕、交趾陶等建築作品與風貌，以及細木作名師陳銀生留下之「勞農兄弟團結」文字，與一九三〇年代蔣渭水推動民族運動之時代歷史連接，述說早期加禮宛港、利澤簡渡、利澤簡老街作為羅東、冬山、五結等地河港運輸發展歷史、縣定民俗利澤簡元宵走尪無形文化資產之載體、利澤簡附近居民之信仰中心等，深具建築、民俗、地方歷史記憶等文化資產價值，宜蘭縣政府二〇〇六年經審議後指定為宜蘭縣定古蹟。

永安宮古蹟建築因歷經長久日晒及風雨作用，造成屋頂木構件蛀損、屋頂漏水，以及地板、牆面因為後期不當修改造成整體風貌之破壞。宜蘭縣政府文化局於二〇〇七至二〇〇八年進行調查研究、二〇〇九年進行古蹟修復規劃設計、二〇一〇年十月至二〇一二年三月間進行古蹟修復工作，永安宮經修復後已恢復原有之風貌。

【利澤簡永安宮 建築特色】

一、樸實沉穩之建築外觀

從平面配置來看永安宮為單殿廟宇建築，正面寬三開間、進深十六架，正面牌樓面三關六扇門；前步口廊作捲棚，為進入殿內之過渡空間，左右側牆身圓拱門可與兩側街屋相通，也具有亭仔腳功能。在立面外觀上，三川脊屋頂、木作牌樓面、清水紅磚外牆、三階高之台基，整體建築外觀樸實沉穩。

二、厚實之抬樑木構架

永安宮左右木構造棟架作抬樑式，明間使用十六架前後立六柱，左右山牆使用擱檁式。桁木皆為圓身，中脊桁較其他桁木壯碩，架內為常見之三通五瓜，大通二通下置托木，三通下作透雕員光。殿後明間排樓攀間斗栱，樑上置斗抱、八角斗、五彎枋、一斗三升連栱、桁引以承圓桁。相傳一九二八年重建時，主要由生於清同治十三年（一八七四）的大木匠師阿助司負責，阿助司當時已五十六歲，由四位徒弟協助下完成；其作品留存迄今尚有二結王公廟、羅東奠安宮、震安宮。

三、具時代性與在地性特色之木雕構件

永安宮木構件充分展現一九三〇年代宜蘭地區木作之特色，其多使用八角斗，斗底作斗底線之皿斗作法；架內大通作瓜筒作象首，二通與三通之瓜筒作趖瓜狀；束木之束頭拱起並如波浪狀；前步口廊作鼓狀吊筒，出檐斗栱之丁頭栱作螭虎栱；鳳凰托木於尾部皆帶有戲齣人物；步口廊作捲棚，獅座與象座共同立於通樑上，獅座與象座背上雕有人物帶騎，上方副栱刻有洋風飛天；大門明間及次間之門簪作龍首與鯉魚；步口廊窗扇上下分三層，框內以花矸博古、八仙集慶題材。

永安宮的木雕主要由生於清光緒二〇年（一八九四），因緣於泉州精緻木雕承傳，以細雕技術起家的陳銀生匠師，相傳當時有六位徒弟在旁協助，使永安宮的木雕極具多元及可看性。其作品包括宜蘭城隍廟、二結王公廟、羅東慶安宮、南方澳南天宮。

四、保存不同時期之交趾陶、剪粘、泥塑作品

永安宮步口廊左右牆水車堵上「宇文成都和李元霸於晉陽宮比武」、「狄青和王天化殿前比武」作品，殿內左右牆龍虎堵「蒼龍教子」、「福壽日增」作品，為一九二八年重建時期之交趾陶、剪粘、泥塑作品。屋頂中脊之八仙過海、吉果、祥獸、排頭人物戲齣等作品，則為一九七四年屋頂新作時之交趾陶、剪粘、泥塑等作品。屋脊上之三仙、龍吐水草、鯉魚出水等，泥塑及剪粘作品，則為二〇一二年修復時所做。

一九二八年重建時之交趾陶、剪粘、泥塑等，相傳為生於清光緒二九年（一九〇三），羅東紅水溝之土水龍、土水旺負責，其父阿元司係噶瑪蘭時代，剪黏、跤趾匠師中技術最優秀的一位，永安宮施作時，土水龍廿七歲、土水旺廿二歲，是創造力最旺盛時期。現存作品有羅東奠安宮、震安宮、南方澳南天宮。一九七四年屋頂新作時之交趾陶、剪粘、泥塑等作品，應為林再興匠師系統之作品。

五、支撐永安宮樸實之石雕作品

永安宮石雕作品位於步口廊柱、前後點金柱、前後附點金柱，石獅、石枕、柱珠、立面裙堵。石雕之題材，除石獅外主要為門枕之花鳥、集瑞器物，石柱陰刻對聯文字、淺浮雕草仔花邊框、柱珠之集瑞器物、寓意地盤堅穩之柿蒂紋，裙堵之方勝、三連環等題材。據傳永安宮的石雕，為生於清光緒十七年（一八九一）的順榮司，從閩南帶來五、六位鑿石匠師，在臺灣承包石雕工作，當時順榮司三十八歲，所用之石材則來自台北北投尖山一帶。

六、門面保有一九三〇年代彩繪作品

永安宮一九七五年曾進行木構件之全面重新彩繪，而當時重新彩繪之作品無論在用色、工藝上較顯得不佳，在當次重新彩繪時，幸運的沒有進行牌樓面三關六扇門之六片門板「門神」重新彩繪，讓永安宮保留了一九二八年與建時期的門神彩繪佳作。明間大門尉遲恭、秦叔寶、左次間大門太監、右次間大門宮女等門神彩繪，無論在繪畫、退暈、安金上都顯得技術純熟。

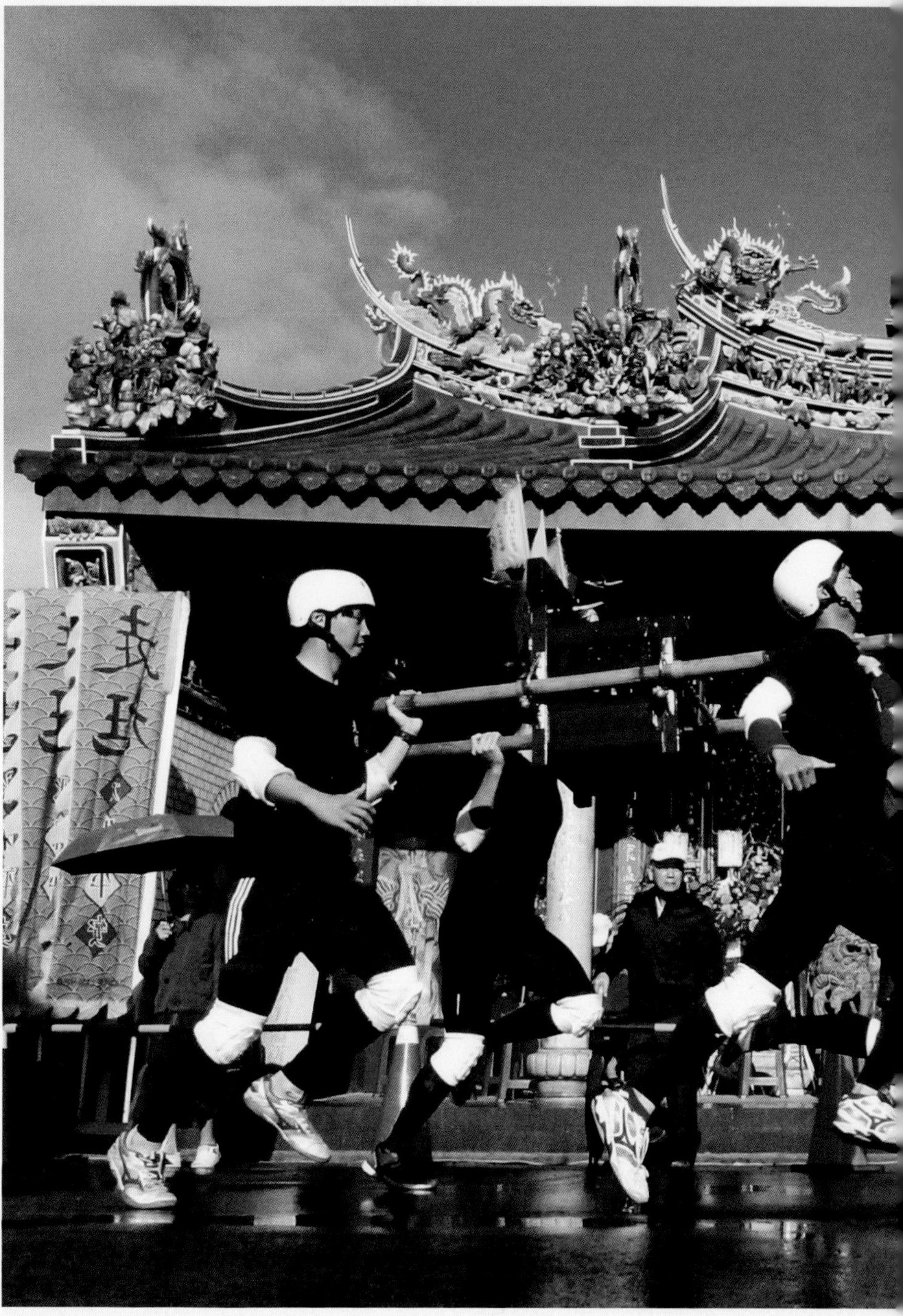

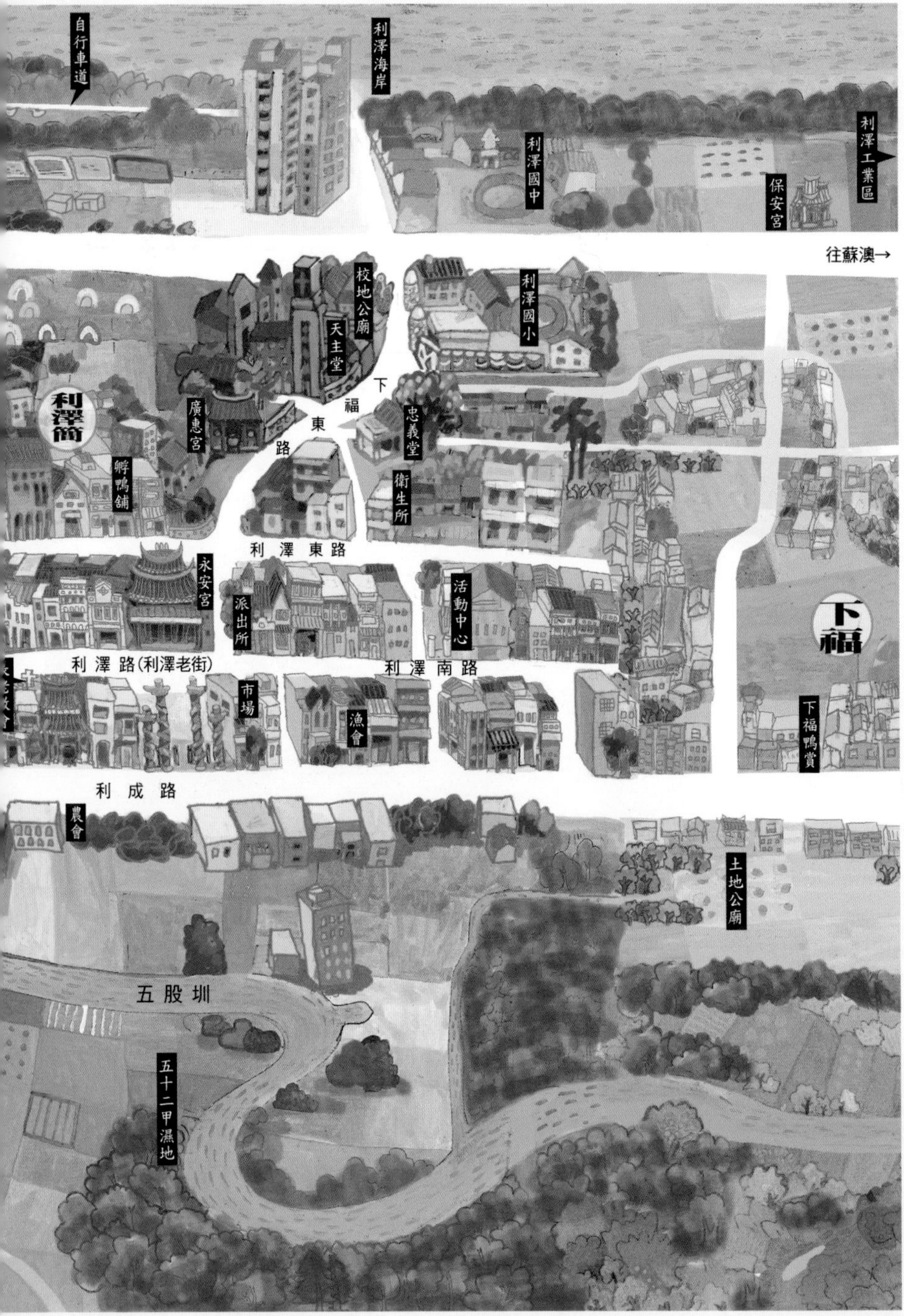
自行車道
利澤海岸
利澤國中
保安宮
利澤工業區
往蘇澳→
校地公廟
天主堂
利澤國小
下福東路
忠義堂
利澤簡
廣惠宮
孵鴨舖
衛生所
利澤東路
永安宮
派出所
活動中心
下福
利澤路(利澤老街)
利澤南路
市場
漁會
下福鴨賞
利成路
農會
土地公廟
五股圳
五十二甲濕地

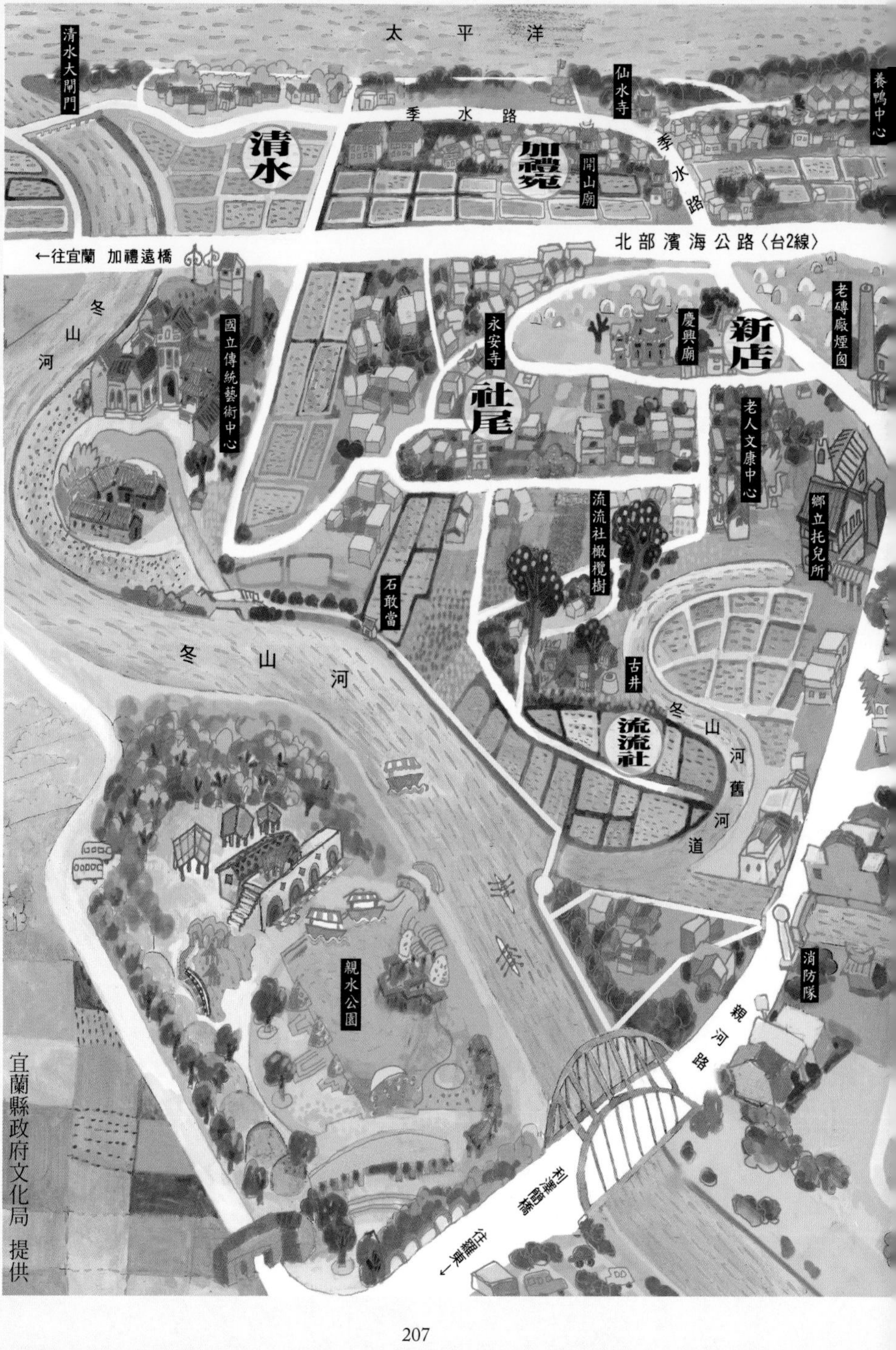
太平洋
清水大閘門
仙水寺
養鴨中心
季水路
清水
加禮宛
開山廟
季水路
北部濱海公路〈台2線〉
←往宜蘭 加禮遠橋
冬山河
國立傳統藝術中心
永安寺
慶興廟
新店
老磚廠煙囪
社尾
老人文康中心
流流社橄欖樹
鄉立托兒所
石敢當
冬山河
古井
流流社
冬山河舊河道
親水公園
消防隊
親河路
利澤簡橋
往羅東→
宜蘭縣政府文化局 提供

作者簡介

葉永韶，出生於宜蘭，中原大學建築研究所畢業，致力於古建築保存修復與區域文化資產活化。著有《覓境 頭圍靜波》、《最短的老街 走最長遠的幸福》、《大神尪 探尋頭城迷人的古文風》、《放假嘍！利澤簡老街的元宵節》等；策辦〈BIKE宜蘭媽祖古廟騎求平安〉、〈散策頭城 村落裡的中元祭〉、〈求一塊虎皮保平安〉、〈頭城讀字節〉等活動。

國家圖書館出版品預行編目(CIP)資料

利澤簡永安宮 媽祖的神奇寶貝 /葉永韶著，初版，宜蘭市.宜縣文化局.
2017年1月（民106年）. 216面 14.8*21公分
ISBN 978-986-05-1544-2（精裝）
1.人文地理 2.利澤簡老街 3.永安宮 4.文化資產 5.宜蘭縣五結鄉
272.71　　105024760

書　名　利澤簡永安宮 媽祖的神奇寶貝
指導單位　文化部文化資產局
出版單位　宜蘭縣政府文化局
發 行 人　李志勇
地　址　宜蘭市復興路二段101號
電　話　03-9322-440
網　址　www.ilccb.gov.tw
作　者　葉永韶
攝　影　陳永琛、廖偉伃
編輯設計　廖偉伃
文字修訂　林家怡、陳宣銘
執行編製　燦景古建築研究工作室
編審委員　廖英杰、蘇美如、邱寶珠
　　　　　簡哲士、賴俊堯
製版印刷　中原造像股份有限公司
出版日期　二〇一七年 元月 初版
定　價　二〇〇元

ISBN 978-986-05-1544-2（精裝）
GPN 1010600054